圖解地緣政治學

★ 地理位置 × 環境 × 歷史，在全球化時代，精準掌握世界局勢！★

所謂的地緣政治學，
就是在學習各國共存的智慧。

　　人類總是希望和平。人類因為學習互相合作，所以才能延續到現在。

　　但另一方面，人類團體一路互相殺戮過來，各國到現在也都還在防備戰爭。為了不引發戰爭，也為了以防萬一，各國都會編列軍備。

　　人類要怎麼做才能穩定各國之間的關係，並且維持和平呢？

　　最好的方法就是大家都期許和平、一致團結。為了實現這個目標，各國會互相確認彼此的意圖和能力，建立規則，對違反規定的國家加諸壓力，維持和平。這是理想的模樣。

　　但是，國家之間的關係各有不同的條件，其中有島國、半島、海洋國家、大陸國家，與國境接壤的國家數量不同，也有隔著海峽相望的國家。

　　這些國家之間，過去曾經發生過哪些戰爭呢？現在還會敵視彼此嗎？還是已經和解了呢？

　　這些地理和歷史條件無法隨著人類的意思改變，至少可以說是很難改變。此外，是否具備石油、天然氣、鈷、稀土等戰略資源，以及人口多寡等「不均衡」的要素，也會影響國家之間的關係。這才是現實的面貌。

　　地緣政治學就是在分析地理、歷史、資源、人口、宗教、民族、人種等因素如何影響國家之間的關係，如何威脅和平與安穩，並且學習各國共存的智慧。地緣政治學的「政治」指的是

「權力」。學習地緣政治學，就是在深入理解政治。

　由於海運、電信、電話、空運、GPS（全球定位系統）、海底電纜、網路、智慧型手機等技術革新，各國加深了彼此之間的經濟依存。不過，在國際貨幣、金融資產、AI（人工智慧）、生物科技、半導體、5G（第五代行動通訊技術）等戰略性領域具有優勢的國家，有能力壓迫他國。而在供應鏈（商品或產品在送到消費者手上前經歷的一連串過程，包含採購、生產、倉儲管理、運送、販售、消費）或貿易上過度依賴特定國家時，則容易成為經濟脅迫（economic coercion）的對象。舉個例子來說，澳洲對中國的出口依存度占了全體的 30%，但中國對澳洲的依存度只有 2%。在新冠疫情期間，中國對澳洲進行制裁，背後有這樣的不對等關係。這幾年，各國之間為了地緣政治上的目的，將經濟作為武器，正展開地緣經濟學（第 122 頁）上的鬥爭。

　要維持世界和平，秩序（的正當性）和權力（的平衡）缺一不可。為了實現這個目標，國家必須具備領導能力，並且與大國之間取得協調。當國際秩序崩塌時，建立起的規則將會被無視，人類的和平會受到威脅，現在正是浮現這種危機的時代。和平的理想和鬥爭的現實並非對立的概念，必須同時追求兩者，才能保持安穩。我相信，在這方面地緣政治學和地緣經濟學有許多值得我們學習的內容。

船橋洋一

新地緣時代中的世界與臺灣

後冷戰與地理重要性再度浮現

　　近年來，地緣政治再度成為國際關係研究的熱門議題，無論吉爾斯（Gerry Kearns）2009 年出版的《地緣政治與帝國：麥金德的遺產》，抑或彼得森（Alexandros Petersen）寫於 2011 年的《世界島：歐亞地緣政治與西方的命運》，都一再提醒讀者從「地理」視野角度，去思考國際政治之過去、現在與未來。

　　事實上，不僅費爾格里夫（James Fairgrieve）早在 1915 年《地理與世界霸權》書中便強調地理因素對人類活動與歷史具有不言可喻之影響，美國海軍史學家馬漢（Alfred Mahan）在 1890 年出版的《海權對歷史之影響》堪稱討論地理重要性之第一本重要著作；隨後，英國學者麥金德（Halford Mackinder）在 1904 年的〈歷史的地理樞紐〉一文中首度提出所謂「世界島」概念，一方面將內亞（inner Asia）視為某種「樞紐」（pivot）或「心臟地帶」（heart-land），且據此得出「控制東歐便可支配心臟地帶、控制心臟地帶便可支配世界島、控制世界島便可支配全世界」的結論，至於史派克曼（Nicholas J. Spykman）在 1944 年撰寫的《和平的地理學》，則在再度聲稱領土的地理特質將直接影響國家維護安全的方式，致使空間在國家互動關係中扮演重要角色之餘，相對突出掌握歐亞大陸「邊緣地帶」（rim-land）的關鍵地位。

　　無論如何，重視地理因素與思考國家安全攸關，至於國家安

全議題又與世界秩序穩定性直接連動；隨著美國霸權自1945年二戰結束以來成為當代秩序支柱與國際安全保護傘，人們對地理之重視也就跟著稍減，亦正因如此，由於美國霸權在冷戰結束後出現鬆動跡象，地緣政治「重新」出現在大家眼簾也就再正常不過了。例如，美國前國安顧問布里辛斯基（Zbigniew Brzezinski）在1997年的《大棋盤：美國的優勢及其地緣戰略責任》書中，便提出以下大哉問：「美國的全球霸權雖史無前例，且迄今並無對手，但它是否就此能高枕無憂，從此不受挑戰？」直到2012年，卡普蘭（Robert Kaplan）在《地理的復仇》書末仍以羅馬帝國衰落為鑑，再次提問：「美國該如何做好準備，漫長但優雅地從歷史中退出，不再擔任霸權大國？」

　　很明顯地，美國並不準備「優雅地從歷史中退出」，無論2009年的「重返亞洲」或2012年的「再平衡」戰略，都代表美國以中國為假想敵，然後設法從地緣角度對其進行圍堵封鎖，據此，島鏈（island chain）的重要性既可以想見，美國在南海推動所謂「自由航行」乃至近年不斷推動臺灣「再武裝」之邏輯也清晰可見。進言之，正因為美國亟欲捍衛其霸權，以致臺灣不啻成為「地理寵兒」或「衝突前端」，那麼，我們又該何以自處？

他山之石與日本的同心圓視野

　　如同前述，美國雖經常對外宣稱，中國乃是「唯一能夠潛在結合其經濟、外交、軍事和技術權勢，對一個穩定和開放國際體系發動持續挑戰之競爭者」，但其內部討論往往直接指出中國「對

美國領導地位之嚴重威脅」，這種想法雖不無自私之嫌，但國家安全本即從自私出發，原屬無可厚非。值得注意的是，為滿足捍衛霸權地位之自私想法，近年美國逐漸將東亞島鏈視為拉鋸前線，不僅為臺灣帶來憂喜參半的結果，其實，處於同一地緣戰略夾縫中的並不止臺灣，日本的處境也差不多。

例如，近年臺灣書市便引進大量日本學者著述的地緣政治作品，至於本書監修者船橋洋一非但是曾任「朝日新聞」主編的重量級評論家，1997 年的《同盟漂流》一書在引發各界關注後冷戰時期美日同盟走向之餘，其著眼點也在認真思考日本國家安全的自處之道。

同樣地，在本書當中，第一章便從「認識日本與世界的關係」切入，先將本國置於觀察中心點，然後在第二章與第三章約略介紹地緣政治理論架構後，第四章馬上帶回「認識日本的地緣政治風險」，由此，一方面在第五章突出日本夾在美中兩強之間的現實困境，透過第六章的鑑往知來，最重要的還是在結論第七章提醒讀者要認真「思考日本的未來」。

雖然本書寫作對象很清楚是日本讀者，但我們來說絕對有重要啟發作用：我們又該如何「認識臺灣與世界的關係」並「思考台灣的未來」呢？

若干觀念辯證與歷史事實補充

儘管本書寫作構想、架構與理論梳理都相當清晰，具有極好的參考價值，但部分敘述內容仍需加以辯證，以免有誤導之嫌。

首先，本書第 20 至 21 頁提及所謂「專屬經濟區」，並稱其

擁有面積排名世界第六位；事實上，相關概念源自 1982 年制訂並於 1994 年生效之《聯合國海洋法公約》第 56 條，主要是賦予臨海國家在 12 海里領海基線以外、200 海里之內的「專屬經濟權利」，值得注意的是，此種權利並非「主權」，因此不具絕對排外性質，更重要的是，倘使臨海國家之間存在專屬區域重疊問題，則必須透過協商處理運用爭議，在此，第 21 頁附圖顯然完全無視於日本專屬經濟區與俄羅斯、南韓、中國、臺灣之重疊性，自視具壟斷利用地位，這也是近年來世界各地海洋劃界糾紛不斷的背景之一。

其次，本書第三章討論地緣政治理論時，試圖將「陸權」與「海權」做對比並據此分類國家，但演繹方式略有誤導；事實上，無論陸權或海權都是國家希望能掌握的「權力」，儘管國家偏好或許與自身地理特徵有關（例如位於歐亞非大陸之上或之外），但並不具絕對性，且不論在 16 世紀歐洲掀起全球地理發現運動之前，嚴格來說根本不存在「海權國家」，例如英國數百年來均汲汲參與並介入歐陸爭霸，首先投入海洋活動的葡萄牙、西班牙與荷蘭等，都是位於歐洲大陸上的國家，更別說後起的法國、俄羅斯和德國，因此，以領土所在位置決定國家的「陸權」或「海權」屬性並不正確。

更甚者，第 56 頁所謂「海權是貿易，陸權是侵略」的誤導就更大了，如果擴張海權之主要目的是「貿易」，如何看待西班牙征服整個拉丁美洲、歐洲如何讓全球四分之三土地淪為殖民地，英國又如何自詡「日不落國」？這些縱橫五大洋、大搞國際貿易帝國主義的歐洲國家，究竟是著眼「陸權」或「海權」呢？

由此，不僅第 57 頁的特徵對比有問題，至於第 58 頁「陸權與海權無法同時擁有」的論點當然亦非共識，英國便是一個明顯例證，一度稱霸海上並擁有全球四分之一陸地，還不能稱作「同時擁有陸權與海權」嗎？如果日本成功占領中國就可以同時擁有陸權，征服整個南亞次大陸的英國，控制權且延伸至中東與東南亞的英國又怎麼說？

　　第三是「政治正確」問題。例如第 74 頁的「尖閣群島」問題，暫且不論名稱爭議與地理位置最接近臺灣的事實，即便此一群島過去真的「未曾隸屬任何國家」，但劃歸沖繩縣石垣市絕對是日本戰後的「獨斷」作為，如果釣魚台真的是沖繩的一部分，何以在半個世紀的日據時期都讓它歸屬宜蘭廳管轄？何況根據 1972 年的《沖繩返還協定》，美國僅將此地「行政管理權」移交日本，後者是否擁有沖繩「主權」尚有爭議空間，遑論稱釣魚台是琉球群島一部分。類似例子是第 76 頁的「竹島」（南韓稱獨島）問題：相較釣魚台爭議，日本主要透過突出「實質占有」來強化其主權地位，並拒絕將相關議題提交國際仲裁，但在竹島問題上則否定並忽視南韓的「實質占有」，且一貫主張應透過國際仲裁來解決。當然，由於本書設定讀者是日本國民，如此政治正確無可非議，但在臺灣出版就不得不指出以正視聽。

　　另外要補充的是，第 81 頁指出北韓試射飛彈共 6 次飛越日本上空，實則類似情況於 2022 年 10 月 4 日再次發生，這也是第 7 次。

　　最後，關於日本被兩個超大國包夾問題，且不論從第 87 頁附圖看來，日本右側怎麼看都是廣袤的太平洋，美國位於大

洋另一側如何包夾日本？至於有關中國的超大國地位定義，事實上，日本的 GDP 從 1968 年到 2009 年長達 40 年位居世界第二，甚且 1995 年曾超過美國 GDP 七成以上，自 2010 年迄今亦始終位居第三不墜，國防預算更長年位於全球前十名，自外「超大國」地位不啻也有些自貶身價嫌疑。

基於篇幅限制，更不願喧賓奪主，關於內容的討論就此打住。

無論如何，本書章節安排與圖表呈現都有可觀之處，非常值得推薦：尤其船橋洋一先生在公私事務繁忙之餘，以逾七十高齡，仍努力投入撰寫此一大眾普及讀物，希望為引導國民思考盡一己心力，絕對精神可嘉，值得臺灣學界同好友人們頂禮仿效。

蔡東杰
中興大學國際政治研究所特聘教授

【目次】

第 1 章

認識日本與世界的關係

第 2 章

「地緣政治學」是什麼樣的學問？

第 3 章

學習地緣政治學絕對要知道的關鍵字

第 **4** 章

認識日本的地緣政治風險

第 **7** 章

思考日本的未來

第 1 章

認識

日本與世界的

關係

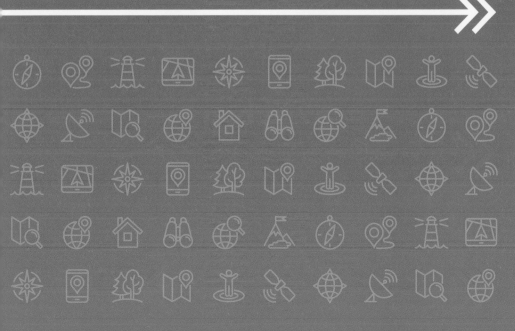

從世界地圖
看日本在哪裡

從世界地圖看日本的位置

歐洲

歐亞大陸

中東

亞洲

非洲

大洋洲

想一想

● 日本鄰近哪個區域？離哪個區域較遠？
● 為什麼日本位於地圖的正中央呢？

★認識日本的位置是常識！

　　也許你不知道日本在哪裡也不會造成生活上的困難，但你應該要知道自己所居住的日本位於地球上的什麼地方，並把它當作常識。如果你「已經知道了」，也請再確認一次日本的位置，並看看日本與歐洲、美國等國家的相對位置吧！

北美洲

南美洲

必備知識

中東

地圖上塗成黃色的區塊稱為「中東」，但在國際上並沒有明確的範圍。日本的外務省就把埃及和利比亞（非洲大陸上塗成黃色的區塊）分類在「非洲」。

也在地球儀上確認日本的位置吧！相較於硬是將圓形的地球攤開成平面的地圖，直接以球體表現的地球儀應該會給人不同的印象！

以不常使用的地圖來看，印象就會不一樣！

★地圖有很多種類！

地圖硬是將圓形的地球攤開成平面，所以不一定能正確表現出地球的樣貌。一般我們常看到的世界地圖是以「麥卡托投影」（Mercator projection）繪製而成，雖然繪製後的角度是正確的，但缺點是離赤道愈遠的地方，呈現的面積愈大於實際面積。比方說俄羅斯的面積（大約1712萬平方公里）其實不到中國面積（大約960萬平方公里）的兩倍，但因為俄羅斯離赤道比較遠，所以地圖上呈現出來的差距，看起來比實際差距還要大。

其他還有各式各樣的地圖投影法，像是在地圖上表現出正確面積比例的「莫爾威投影法」（Mollweide projection），以及正確表現出從投影中心至任意點的方位和距離的「正方位等距離投影法」（Azimuthal equidistant projection）。看著以不同的投影法繪製而成的地圖，應該會有不同的發現。

比方說，右頁的地圖採用「正方位等距離投影法」，以中國的首都北京（×標記處）為中心繪製而成。日本人常見的地圖都是以日本為中心，並且以北方朝上繪製，但這張地圖是以中國北京為中心，而且還以東方朝上繪製。看了之後是不是有不一樣的感覺呢？也許這張陌生的地圖讓你一開始找不到日本在哪裡，不過仔細一看，可以發現「從中國的角度來看，日本所處的位置擋住了中國前往太平洋的方向」。

找找看日本在哪裡

咦?跟平常看的地圖不一樣……。日本在哪裡呢?
北京上方的那座大島該不會就是日本吧……?

中國首都北京

北極點

除了常見以日本為中心的世界地圖外,也上網找找看以他國為中心的地圖吧!

這張地圖採用「正方位等距離投影法」,從投影中心至各地的方位和距離都是正確的。使用和平常不同的地圖、角度來看,就會有許多新發現。

「任何地方的方位投影」株式會社OnTarget / CC BY-SA 4.0

? 想 一 想

● 用不同種類的地圖和地球儀看日本的位置,印象會不會不一樣呢?

● 看看上下顛倒的世界地圖吧!

思考日本的地理特徵

★日本是被海洋包圍的島國（海洋國家）

日本由本州、九州、四國、北海道這四個大島以及沖繩等小島所組成，是被海洋包圍的「島國」，因為四面環海，所以又稱為「海洋國家」。

在國界位於陸地的國家，人們可以開車或步行穿越國界，而日本與任何國家都沒有陸地上的接壤，人們必須使用船和飛機才能到國外。

日本的國土並不大（世界排名第 61 名），但以包含領海在內的專屬經濟區（EEZ）來看，面積排名世界第六，算是名列前茅的海洋國家。

不過，像日本這種國界不在陸地上的國家，也會為了在海上劃界的領海（領海的最外側就是海上國界），或者專屬經濟區的範圍，而與他國起紛爭。

必備知識

專屬經濟區（EEZ）

指的是不受他國干擾，可以自由從事漁業活動、開採石油等天然資源的水域。英文是「Exclusive Economic Zone」，簡稱「EEZ」。原則上，面海的國家可以沿著海岸線，設定領海向外延伸 200 海里（大約 370 公里）為專屬經濟區。

日本的專屬經濟區（EEZ）面積排名世界第六

鄰接區

設定於領海外側，從沿岸向外延伸24海里
（大約44公里）為止的水域。在此區看見
可疑的船隻時，可以發出警告。

擇捉島

日本海

領海

竹島

公海

日本

東海

專屬經濟區（EEZ）

八丈島

尖閣諸島

小笠原群島

與那國島

沖大東島

南硫磺島

南鳥島

沖之鳥島

太平洋

 想一想

● 日本的範圍到哪裡？
● 在世界地圖上找找看日本以外的島國吧！

4

你知道日本
跟哪些國家友好嗎？

★與美國締結了唯一的同盟關係

你在班上有跟你感情好以及跟你感情不好的同學吧？理想狀態當然是全班感情都很好，但大家都知道這是很難實現的事情。如果把地球比喻成一個教室，也同樣會發生這樣的狀況。理想當然是「世界和平」以及全世界同心協力，但有時候某些國家彼此會對立，甚至引發戰爭。

那麼，日本和哪些國家／地區感情好呢？其中一個是美國，美國和日本簽訂了美日安保條約，締結了唯一的軍事同盟關係，在政治、經濟方面都維持著緊密的關係。日本周邊的國家／地區中，南韓也和美國保持著軍事同盟關係，而臺灣（中華民國）和美國也有實質上的同盟關係，日本和這兩個國家也算是合作關係。

必備知識

臺灣（中華民國）

正式名稱是「中華民國」，一般為人所知的名字是「臺灣」。由於中華人民共和國（中國）主張臺灣是中國的一部分，所以聯合國不承認臺灣是主權獨立的國家，臺灣也未加入聯合國，臺灣因此不被視為「國家」，而是「地區」。

想一想

● 為什麼日本會跟美國締結同盟關係？
● 美國是怎麼看待日本的呢？

日本跟哪些國家關係不好呢？

★日本與鄰近的北韓無邦交！

說到與日本關係不好的國家，那就非朝鮮民主主義人民共和國（北韓）莫屬了。雖然日本與北韓距離很近，但沒有邦交，兩國公民連自由互訪都不被允許，可以說是「雖近猶遠的國家」。2011 年，金正恩當上北韓的最高統治者之後，北韓就頻繁以訓練的名義對日本發射飛彈。過去北韓也曾發生綁架日本人事件，兩國持續著無法對談的險惡關係。

此外，日本長期與隔海相望的中國、南韓、俄羅斯之間存在領土問題（第 72～77 頁）。其中南韓也是美國的同盟國，日本與南韓之間一直存在複雜的關係。2019 年，南韓曾發生抵制日本產品的運動，不過不同於日本與北韓的關係，日本與南韓並不是無法對談，有時候也會互相合作。

必備知識

邦交

兩國間的外交關係。北韓和臺灣都不是日本的邦交國，日本不承認北韓是國家，但將臺灣定義為「重要的夥伴」，隨著 1972 年日本與中國建交，日本就與臺灣形式上斷交。

與日本關係不好的主要國家

北韓

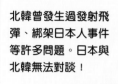
北韓曾發生過發射飛彈、綁架日本人事件等許多問題。日本與北韓無法對談！

雖然班上有相處融洽的韓國和中國朋友，但國家之間的關係就是另一回事了……。

日本

歷史上常因為領土問題僵持不下，最終引發戰爭！

● 因領土問題對立的國家

南韓

中國

俄羅斯

? 想 一 想

● **查查看為什麼日本與北韓關係險惡。**

● **查查看為什麼 2019 年南韓會發生抵制日本產品的運動。**

世界各國分屬
不同的組織

★各國之間建立了複雜的合作關係

　　世界各國會為了各種不同的目的成立組織，諸如在軍事方面合作的組織，以及在政治、經濟方面合作的組織。

　　為了實現世界和平這個主要的目的，全世界 193 個國家加入了「聯合國」，這是相當具代表性的組織。

　　而具代表性的軍事性組織則有北大西洋公約組織（NATO），是以美英兩個民主國家為中心組成的組織。此外還有主要非北約盟友（MNNA），由 13 個非北約會員國，但對美國具有重要戰略意義的國家所組成。冷戰時期還有華沙公約組織，作為對抗北約的勢力，以社會主義國家蘇聯為中心，但在蘇聯解體後解散。

　　政治、經濟方面的合作組織中，赫赫有名的是七大工業國組織（G7），由日美英等七大先進國家組成（過去連同俄羅斯在內稱為G8，但 2021 年 2 月起，俄羅斯被凍結資格）。此外也有歐盟（EU）、東南亞國協（ASEAN）等區域聯盟。

　　世界各國由於各種原因，可能在政治面對立，卻在經濟面合作，又或是在經濟面合作，卻在軍事面不合作等等，彼此締結了複雜的合作關係。

全球主要組織

聯合國　日本有參加

- 成立於1945年，主要目的是維持國際和平與安全（國家安全），並且實現經濟、社會、文化等方面的國際合作。
〔主要會員國〕美國、俄羅斯、法國、英國、中國、日本等，共193國

北大西洋公約組織（NATO）　日本未參加

- 成立於1949年，是由歐美的資本主義國家發起的國家軍事同盟。
〔主要會員國〕美國、英國、德國、法國、加拿大、義大利、西班牙、土耳其等，共30國

主要非北約盟友（MNNA）　日本有參加

- 由美國指定的非北約會員國同盟，與美軍有重要的戰略關係。
〔主要會員國〕日本、澳洲、埃及、以色列、南韓、臺灣等，共18國

華沙公約組織　過去與北約對立，現已解散！

- 成立於1955年，是由東歐的社會主義國家所組成的軍事同盟，以蘇聯為中心，隨著1991年冷戰結束而解散。
〔會員國〕蘇聯、保加利亞、羅馬尼亞、東德、匈牙利、波蘭、捷克斯洛伐克

 想一想

- 世界上還有很多組織，查查看有哪些組織，以及這些組織的目的是什麼。

日本加入了世界上的
哪一個組織？

★對日本來說，「美日同盟」是最重要的 組織

對日本來說，美日同盟是最重要的組織，奠基於 1960 年生效的美日安保條約。日本已宣布放棄戰爭，如果有別的國家攻擊了日本，美國有義務保衛日本，日本則同意美國於日本國內設置軍事基地。

此外，「四方安全通話」（QUAD）由日本和美國、澳洲、印度組成，在外交和國家安全方面締結合作關係。

經濟性組織則有「跨太平洋夥伴全面進步協定」（CPTPP，第 124 頁），這是 2018 年以日本為中心組成的貿易協定。美國並未參加這個組織，雖然美國和日本建立了唯一的同盟關係，但並沒有在各方面都加入相同的組織。

必備知識

國家安全（National security）
透過軍事手段保衛國家領土，抵禦軍事威脅，維護政治獨立性、國民的生命與財產免受外界侵擾，近年不只軍事手段，也包含抵禦政治、經濟手段的攻擊。

日本加入的主要組織

美日同盟　國家安全相關組織

對日本來說最重要的組織

- 日本
- 美國

QUAD　國家安全相關組織

在意中國行動的組織

- 日本
- 美國
- 印度
- 澳洲

CPTPP　貿易相關組織

由於美國前總統川普的政策，美國未加入

- 日本
- 加拿大
- 澳洲
- 墨西哥
- 秘魯
- 智利
- 紐西蘭
- 越南
- 馬來西亞
- 汶萊
- 新加坡

想 一 想

● 查查看日本與外國在軍事、經濟方面建立的各種合作關係吧！

認識日本未加入的
其他世界性組織

★有很多日本未加入的組織

日本並未加入世界上所有的組織，例如歐洲各國加入的歐盟（EU），地理上位置遙遠的日本當然就沒有參加。

此外，過去曾奉行社會主義的俄羅斯，還有現在也宣稱施行社會主義的中國和北韓，這些國家的政治體制與美日等資本主義國家不同，共同加入的組織也不多。

比方說，以中國和俄羅斯為中心的八個國家建立了「上海合作組織」（SCO），在軍事、政治、經濟方面互相合作。日本也沒有加入由俄羅斯主導的「歐亞經濟聯盟」（EAEU）。

世界各國由於各自不同的想法，有時候會加入同一個組織，有時候則不加入同一個組織。

必備知識

社會主義

作為事業本金的資本歸國家所有，並由國家管理，期望建立平等社會的體制。中國施行社會主義，土地基本上屬於國家財產，個人無法擁有，但其國內卻有貧富差距擴大等矛盾。而在資本主義的國家，資本歸個人所有。

日本未加入的主要組織

上海合作組織　綜合性組織

在軍事、政治、經濟等多方面互相合作

中國

俄羅斯

哈薩克

塔吉克

吉爾吉斯

印度

烏茲別克

巴基斯坦

前蘇聯國家的區域經濟聯盟

歐亞經濟聯盟　經濟性組織

俄羅斯

白俄羅斯

哈薩克

亞美尼亞

吉爾吉斯

白俄羅斯！？吉爾吉斯！？亞美尼亞！？
好多不認識的國家，位在哪裡呢？
世界上有好多國家啊……。

 想 一 想

● 查查看世界上有什麼組織。

● 在地圖上確認看看上面出現的國家位置在哪裡。

地緣政治學的重要人物① 麥金德

英國的地理學家霍福德・麥金德（Halford Mackinder，1861年～1947年）曾提出有名的「陸心理論」（亦可稱為心臟理論）（第60頁），可以說是現代地緣政治學的開山始祖。他先後在牛津大學和倫敦大學教授地理學，後來還成為政治家。

他於1904年在英國皇家地理學會上演講的紀錄《歷史的地理樞紐》，以及1919年發行的著作《民主的理念與現實》都很有名。

麥金德身為英國人，認為對於以海軍實力為武器、在全世界擁有殖民地的大英帝國而言，陸軍實力堅強的德國和俄羅斯將會成為對手，並從危機四伏的感受中體會到了「陸心理論」。

也是一名登山家的麥金德

麥金德的名言是「制伏東歐者，制伏天下」。第二次世界大戰之後的發展正如麥金德的預想，掌控東歐的前蘇聯崛起成為超大國，與美國爭奪霸權。

第 **2** 章

「地緣政治學」

是什麼樣的

學問？

「大家和諧相處」是理想，實際上卻很困難

★這個世界不曾沒有紛爭

　　大家都希望世界和平，但很遺憾的是，世界上總有某個地方正在戰爭。就像一個班級的理想是所有人感情都很好，但大部分的班級未必能達到。班上會分成好幾個小團體，也許你跟某些人幾乎沒有說過話。你應該也會盤算著班上的各種人際關係，比如「A很會打架，要跟他好好相處」、「那個同學很內向，所以要幫助他」，並且思考如何快樂、順利地度過校園生活吧？

　　世界上有像美國一樣，不論軍事方面還是經濟方面都很強的國家，也有完全不是這樣的弱小國家。強大國家時常會影響弱小國家，有時候甚至會發生排擠的狀況。在教室裡會發生的事情，在國家與國家之間也會發生。

　　我們不能放棄實現「大家和諧相處」的理想，世界和平絕對是比較好的狀態。但是，人類自遠古以來就不斷挑起紛爭，這才是現實的情況。全世界各國都會選擇對自己國家有利的立場，並且思考如何變強、如何生存——這就是現實的情況。

北韓不放棄發射飛彈的實驗

這是北韓（朝鮮民主主義人民共和國）的東倉里飛彈發射場。北韓為了將不斷提升的軍事能力展示給周邊國家，不顧美國、日本、南韓等國家的譴責，至今多次進行發射飛彈的實驗。

Astrelok / Shutterstock.com

？ 想 一 想

● 明明沒有人想戰爭，但為什麼戰爭不會消失呢？

● 班上所有人感情都很好是不可能的事嗎？

從古至今，生存都是最重要的事

★動物會思考如何生存，國家也是

　　學習歷史時，一定會讀到爭鬥和戰爭的篇章。日本也曾與外國發生甲午戰爭、日俄戰爭、第二次世界大戰等戰爭。再往前回溯日本歷史，日本國內也一路發生過大大小小的戰爭，例如應仁之亂、關原之戰等等。人類反覆地與不同國家、不同民族、不同價值觀的人對立，為了生存而戰。

　　但另一方面，人類希望和平，大家都不想戰爭。日本在第二次世界大戰戰敗，有許多人在戰爭中失去了性命。因為不想重蹈覆轍，日本在戰後的憲法中宣布「放棄戰爭」，是世界上唯一放棄戰爭的國家。只要和平就能生存，不會因為戰爭而失去生命。「戰爭」與「和平」似乎是完全相反的概念，但從上述角度來說，兩者的目標一樣都是「生存」。

　　除了人類以外，動物也有生存的本能。強大的動物會獵捕弱小的動物，弱小的動物會有自己的一套生存策略，避免自己成為強大動物的獵物。大自然是個弱肉強食的世界，由人類組成的國家也是，世界各國時常站在各自的立場思考如何生存。

動物也會為了生存而下工夫

角馬是群體行動的動物，當獅子等天敵接近時，體型較大的公角馬會為了保護小孩，站在群體外圍不讓天敵靠近。弱小的動物聚集起來對抗強大的天敵，就是一種生存策略。

想一想

● 為什麼日本以前要發動戰爭？
● 你是否曾在學校想過「如何和同學和諧相處」，但最後卻失敗吵架的經驗？

什麼是
「地緣政治學」？

★地緣政治學著重在「地理條件」

　　如果在字典查「地緣政治學」，可以看到其解釋為「主要從地理空間和條件，試圖說明民族與國家特質之學問」。不過，光看到字典上的解釋，也很少人能理解其內涵。

　　地緣政治學的英文是 Geopolitics，「Geo」是代表「地球」和「大地」的字首，例如地理的英文是「Geography」，而「Politics」是「政治學」的意思。

　　地緣政治學最大的特色，是將「地理條件」當作國際情勢變化的最重要因素。地理條件簡單說就是「位於什麼地方」，地緣政治學著重在這一點，從各種角度探討國家的行為，以及各國關係如何變化。

> **必備知識**
>
> ### 地理學
> 研究發生在地球表面的各種現象之學問。地理學可以再分成「自然地理學」以及「人文地理學」，前者主要以地形、氣候、土壤等自然現象為研究對象，後者則著重在文化、社會、政治等人類活動。

地緣政治學是什麼意思？

地緣政治學

↓

Geo politics

↓　　　　↓

地球的政治學

除了探討地理上的相對位置帶給國家的政治影響，也以

整個地球的宏觀角度思考軍事、經濟影響之學問。近年

來重要度提升，如能從小就接觸地緣政治學，

對未來發展將有所幫助。

想一想

● 最近身邊的人很關注「地緣政治學」，你覺得這是為什麼呢？

● 日本所處的位置有什麼特色？

為什麼地緣政治學
很重視「地理」？

★各國位置的遠近很重要

第 38 頁說過地緣政治學著重在「位於什麼地方」，這一節就來想一想這是什麼意思。

舉個例子來說，打開日本的報紙或電視，會發現有很多關於中國、南韓、北韓的新聞，但幾乎看不到有關非洲或南美洲的新聞。在非洲或南美洲的國家應該也較常看到其周邊國家的新聞，與距離遙遠的日本相關的新聞大概不多吧。

不太關心遠方國家可以說是理所當然的結果，相較於同校或同班的人，我們對不同校和不同班的人也會投以較少的關注，甚至幾乎可以說是不關心。另一方面，因為每天都會見到同班同學，所以會發生像是「有人說我壞話」或是「有點不高興」的小爭執。這種現象也會發生在各國之間，綜觀全世界，會發現彼此鄰近的國家多有大大小小的糾葛。

比方說，土耳其和希臘就是在歷史上關係不好的有名例子，日本也和中國、南韓、俄羅斯有領土糾紛（見第四章），中國則長期和印度針對國界有摩擦。相對位置的遠近是決定各國關係的重要因素。

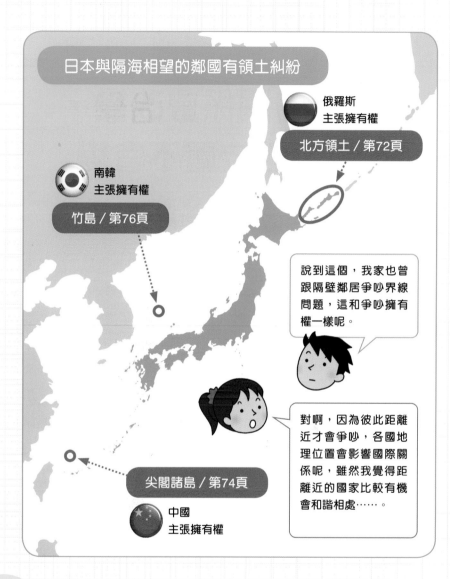

日本與隔海相望的鄰國有領土糾紛

俄羅斯
主張擁有權

北方領土／第72頁

南韓
主張擁有權

竹島／第76頁

說到這個，我家也曾跟隔壁鄰居爭吵界線問題，這和爭吵擁有權一樣呢。

對啊，因為彼此距離近才會爭吵，各國地理位置會影響國際關係呢，雖然我覺得距離近的國家比較有機會和諧相處……。

尖閣諸島／第74頁

中國
主張擁有權

● 為什麼很多彼此鄰近的國家關係不好？

● 查查看全世界有哪些彼此鄰近的國家有糾紛。

和外國的關係會改變，
但國家的位置不會變

★因為地理因素不會變，所以很重要

有時候我們和朋友吵架和好之後，彼此感情會變得更好，反過來說，或許也有現在的關係不像以前良好的朋友，而各國關係亦是如此。

各國關係會隨著時間變化，例如日本和美國在第二次世界大戰是敵對國家，但戰後卻締結了美日同盟，互為重要夥伴。

然而，各國在地理上的相對位置和地理因素並不會改變。教室的座位會更動，也許有些人會以此為契機交到新朋友。但國家不會換座位，即使不喜歡鄰國，也無法搬家。日本身為島國的地理因素不會變，與各國的相對位置也不會改變。

你可能會想說「這是理所當然」，但意識到這個理所當然的事實，對於解讀各國關係來說很重要。

身為島國的日本具有島國的思維，像中國那種大陸國家則有大陸國家的思維。各國的思維會因為地理因素和相對位置而不同，第 3 章將會深入說明。

各國關係會改變，但位置不會變

戰前／對立

●日本　　　　　　　🇺🇸美國

戰後／同盟

各國關係會隨著時間改變！**但是，**

國家的位置從古至今都不會變！

即使改朝換代，地理因素也不會改變，地緣政治學正是以此來解讀國際關係，所以要盡早熟記世界地圖。

 想 一 想

● 如果日本不是島國，那會跟現在的日本有哪裡不同呢？想像一下吧。
● 你知道「島國特性」是什麼意思嗎？

學習地緣政治學
有什麼好處？

★人類在接下來的時代生存所必備的知識

世界各國會互相進出口貨物；只要使用網路，就能輕易瀏覽國際新聞；在爆發新冠肺炎以前，人們很容易到國外旅遊；班上甚至有外國同學。

在全球化進展之下，世界各國的聯繫感愈來愈強。正因為我們處於這樣的時代，所以不能只以國內的眼光看待事情。我們的行為會影響到外國，外國的行為也會對國內帶來影響，這些都和我們的生活密切相關。

現代小孩長大成人後，掌握世界或外國動向的重要度應該會比現在更高。這時，「地緣政治學」就是用來理解「世界或外國為什麼這麼做」的方法。

必備知識

全球化

指的是人、貨物、金錢的跨國移動變得興盛，世界各國在經濟、社會、文化層面加深連結。舉例來說，BLACKPINK 和 BTS 不只在南韓大紅大紫，也受到日本和歐美的歡迎，這是因為 K-POP 成功走向全球化。

學習地緣政治學的三個好處

看見世界的動向

學習地緣政治學，可以知道世界上發生的事情背後的原因。

能預測未來趨勢

活用地緣政治學的知識，可以培養預測能力，預測出日本或世界今後的變化。

學歷史變得有趣

擁有地緣政治學的觀點，可以深入了解教科書上的事件為什麼會發生，學歷史也變得有趣。

「地緣政治學」將我們在社會課學習的歷史和地理等多元知識整合起來思考。雖然學校不會教「地緣政治學」，但先學起來準沒錯。

？ 想 一 想

● 你有想過為什麼會發生戰爭嗎？

● 你有想過「日本未來會變成什麼樣子」嗎？

7

歐洲發祥的「地緣政治學」是為了戰爭而興起的學問！？

★「地緣政治學」用來正當化戰爭

　　話說回來，地緣政治學是誰創立的呢？正式的研究開始於 19 世紀的德國，德國地理學家拉采爾（Friedrich Ratzel）在 1897 年出版了《政治地理學》一書，定義「國家就像是為了生存而跟鄰國戰爭的生物」，他認為「國家為了確保維持生命力所需的『生存空間』（Lebensraum），必然會擴張領土」。後來，受拉采爾影響的瑞典政治學家克哲倫（Rudolf Kjellén，第 84 頁）在 1916 年寫的《國家是生命體》一書中，首次使用了「地緣政治學」一詞。

　　19 世紀後半誕生出地緣政治學，其背景是德國、英國等歐洲列強積極爭取霸權以及統治殖民地。當時各國著重於如何擴張領土（即擴大生存空間），因此，當時的地緣政治學理所當然地認為「為了國家生存，除了侵略他國，別無他法」。在第二次世界大戰結束前，地緣政治學被用來正當化戰爭。

　　然而到了戰後，人們否定「生存空間」的理論，比起靠戰爭生存，更著重於以外交手段將自己放在有利的立場，在這場生存競爭中勝出。

拉采爾提出的「生存空間」是什麼？

生存空間是……

國家自給自足所需的區域就是「生存空間」。隨著人口

增加，必須有更多的糧食和水等資源。為了得到那些資

源而擴大「生存空間」（即領土），是國家的權利。

你不覺得「生存空間」是有點可怕的想法嗎？如果資源不足，就可以侵略他國？

你說得對，過去的歐洲大國信奉這種想法，因此增加殖民地，反覆侵略他國，難怪會發生那麼多戰爭……。

? 想 一 想

● 為了自己的國家生存，過去的列強會增加殖民地，你對此有什麼看法？

● 查查看過去的日本有過哪些殖民地。

8

駐日盟軍總司令曾禁止日本研究地緣政治學！

★日本人的地緣政治學比歐美各國還弱！？

歐美大國是地緣政治學的發展推手，這些國家至今仍透過「地緣政治學」的概念，思考如何在國際社會上生存。但在日本，能對人說明「地緣政治學」是什麼意思的人並不多。

其實，第二次世界大戰後，駐日盟軍總司令（GHQ）曾禁止日本研究地緣政治學，因為當時人們覺得地緣政治學是「為了戰爭的學問」。這就是為什麼日本在戰前積極研究地緣政治學，戰後卻式微的原因。

你可以試著問身邊的朋友「地緣政治學是什麼」，應該有很多人回答不出來吧。

因為有這樣的背景，相較於歐美人，日本人欠缺「地緣政治學」的觀點。所以，現在的日本人更應該認識地緣政治學。

必備知識

駐日盟軍總司令（GHQ）

指的是第二次世界大戰後占領日本的聯合國最高司令官總司令部。在日本投降後，最高司令道格拉斯·麥克阿瑟（Douglas MacArthur）來到厚木機場。駐日盟軍總司令於 1952 年廢止。

日本在戰前積極研究地緣政治學

1925年左右	● 日本引進地緣政治學
1930年代	● 出版多本德國地緣政治學家豪斯霍弗爾（Haushofer）的日譯書，吹起地緣政治學的風潮
1940年	● 小牧實繁出版《日本地緣政治學宣言》

▶ 小牧實繁（1898年～1990年）

1938年就任京都帝國大學教授，出版《日本地緣政治學宣言》等多本地緣政治學相關著作，研究戰爭正當化理論。專攻歷史地理學，曾擔任滋賀大學校長。

節錄小牧的著作《世界新秩序建設與地緣政治學》。

1946年	● 小牧實繁等地緣政治學相關學者遭褫奪公權（小牧於1951年受撤銷褫奪公權）。

駐日盟軍總司令認為地緣政治學很危險而禁止！

後來，在日本研究地緣政治學成為禁忌！
日本人無法學習地緣政治學！

想 一 想

● 問問看身邊的朋友知不知道「地緣政治學」。
● 為什麼駐日盟軍總司令要禁止地緣政治學的研究呢？

9

記住
「地緣政治風險」

★雖然有難度，但記起來絕對值得的詞

　　打開電視新聞或報紙，很常會聽到「地緣政治風險」這個詞，像是「朝鮮半島的情勢提高了亞洲的地緣政治風險」這種句子。

　　「地緣政治風險」原本是指與地理條件有關的政治或軍事緊張，例如荷莫茲海峽（第 78 頁）的問題。但最近這個詞愈來愈常指稱特定國家或地區的政治、軍事、社會緊張，導致世界政治、軍事、社會前景不明的現象。

　　有另一個類似的詞是「國家風險」。舉個例子來說，2021 年 1 月緬甸發生了軍人政變，對日本企業來說，緬甸就是「國家風險高的國家」。這幾年，緬甸經濟成長顯著，有許多日本企業進駐緬甸。但是，如果政變導致當地法律等規則改變，無法如同以往做生意，那麼累積的資本可能會白費，造成龐大虧損。這種由於特定國家的政治、經濟、社會變化，可能造成經濟損失的風險，稱為「國家風險」。

　　不過，這兩個詞也有混用的情形。

「地緣政治風險」和「國家風險」是什麼？

地緣政治風險是……

由於在地球地理上的相對位置，某個特定區域的政治、軍事、社會緊張使特定區域的經濟或全球經濟前景不明。

例如）美國與中東大國伊朗的對立可以說是「地緣政治風險」。如果對立變嚴重，伊朗封鎖荷莫茲海峽（第78頁）的話，石油供給會延宕，帶給全球經濟負面影響。

日本仰賴石油進口，如果不和伊朗保持良好關係，那地緣政治風險不就會很高嗎？

國家風險是……

在與國家和企業相關的特定國家，由於其政治、經濟、法律、天災（地震、淹水等）所導致的環境變化，主要造成國家和企業在經濟上的負面影響之風險。

例如）外國企業在中國國內從事經濟活動的風險稱為「中國風險」。比如說2012年中國反日情緒高漲，日系百貨公司遭人襲擊，損失慘重。這種中國風險就是具有代表性的國家風險。

？ 想 一 想

- 現在的日本有什麼地緣政治風險呢？
- 試著站在日本企業的立場，想想看有什麼國家風險。

地緣政治學的重要人物② 馬漢

　　阿爾弗雷德·馬漢（Alfred Thayer Mahan，1840 年～1914年）是美國海軍上校，他因提出「海權理論」（第 54 頁）而聞名。馬漢本身也是海洋戰略的理論家，他所寫的《1660 年至1783 年海權對歷史的影響》（The Influence of Sea Power Upon History: 1660-1783）被視為名著，對引領日本打贏日俄戰爭的名參謀秋山真之，以及美國第 26 任總統老羅斯福等後世軍人、政治人物，都帶來很深遠的影響。現代的美國海軍也繼承了馬漢的思想。

　　馬漢認為，美國若要成為和當時的霸主英國並列的強國，就必須增強海軍實力，確立海上運輸線（Sea Lines of Communication, SLOCs），掌控海洋。

提出「海權理論」的馬漢

　　第二次世界大戰也是美國和日本的海軍之戰，如同馬漢的主張，美國贏了日本、掌握全球海洋後，便一舉成為世界霸權國。

　　此外，馬漢也提出了「一個國家無法同時成為大陸國家（陸權）和海洋國家（海權）」，第 58 頁將深入說明。

第 **3** 章

學習地緣政治學
絕對要知道的
關鍵字

「陸權」和「海權」
是什麼？

★在地緣政治學上，日本被分類在海權

　　學習地緣政治學時，你必須知道幾個重要知識。其中非常重要的是「陸權」和「海權」。簡單來說，國土與其他國家相連的大陸國家擁有「陸權」，如同中國、俄羅斯；擁有狹長海岸線的海洋國家則擁有「海權」，例如島國日本和英國。順帶一提，美國被分類在海權，你可能會懷疑美國算不算島國，不過由於美國的東邊和西邊都是海，擁有狹長的海岸線，因此地緣政治學視美國為大島。

　　因為「陸權」國家的國土與他國相連，自古以來就常跨越國界侵略他國，或是受到他國侵略。另一方面，海權國家受海環繞，因此較少受到侵略。像日本這種海權國家，以及像中國這種國土有多處與他國接壤的陸權國家，兩者「守護自家國土的方法」有所不同，這是因地理條件不同而產生的不同思維。

　　第 56 頁說明了海權和陸權的差異，了解兩者的思維和行為模式的差異後，應該會對世界的動向產生不同的看法。

主要的海權與陸權國家

陸權國家

俄羅斯

中國

德國

法國

《地理特徵》
- 大陸國家

- 位於内陸的國家，
  國界幾乎是陸地

- 擅長以鐵路或公路在陸地上運輸

海權國家

日本

英國

美國

《地理特徵》
- 海洋國家

- 例如島國，
  國界幾乎都是海

- 有很多港口，擅長海上運輸

我從來沒有像這樣想過不同國家的特徵！

在地緣政治學中，「陸權」和「海權」是很重要的詞！

  想 一 想

● 澳洲和紐西蘭是陸權還是海權？

「陸權」和「海權」的
特徵是什麼？

★海權是貿易，陸權是侵略

　　在島國日本，過去以來，人們的生活都是在自己的土地耕種，並且出海捕魚維生。如果糧食或資源不足，會像現在的日本一樣仰賴貿易來補足。說到這個，19 世紀的英國以壓倒性的武力，對中國發動鴉片戰爭，以及培理（Matthew Calbraith Perry）乘坐黑船來到日本浦賀之後，美國人要求日本開國，這些都是為了自由貿易。海權國家會試圖在自己的國家以外，尋求貿易據點。

　　而國土與他國相連的陸權國家，如果糧食或資源不足，可以出發向鄰國奪取。例如以成吉思汗聞名的蒙古帝國（元），將西至現在的土耳其，南至阿富汗，東至中國、朝鮮半島等歐亞大陸，幾乎都囊括為自家領土。每當糧食或資源不足，就陸陸續續征服新的土地，尋找糧食和資源，最終將領土擴大至歐洲。曾渡海攻打日本的「元寇」也是蒙古帝國的分支。

　　此外，由於陸權和海權國家的思維不同，兩者經常發生衝突。

「陸權」和「海權」的特徵

陸權國家	海權國家

俄羅斯　　　中國

德國　　　法國

容易對立

日本　　　英國

美國

《主要特徵》
- 領土遭侵略的風險高
- 資源不足時會向周邊掠奪
- 擅長農業、礦業
- 傳統上陸軍較強
- 會試圖掌控港口，以獲得海權國家般的海上運輸手段

《主要特徵》
- 領土遭侵略的風險低
- 資源不足時會以貿易補足
- 擅長漁業、國際貿易
- 傳統上海軍較強
- 會固守海上要塞，防止陸權國家入侵海洋

想一想

● 如果你是和元寇同處鎌倉時代的日本人，當因為飢荒等問題造成糧食不足時，你會刻意渡海奪取糧食嗎？

「陸權」和「海權」
無法同時擁有

★日本曾經想成為陸權國家但失敗了

島國日本是海洋國家（海權），但過去曾經進軍大陸，想成為大陸國家（陸權）。

大日本帝國在 1904 年打贏了日俄戰爭，將朝鮮半島、中國遼東半島占為己有，後來進軍滿州（現今的中國東北部），擴大大陸領土，提出「大東亞共榮圈」，將勢力擴展至東南亞，目標是成為陸權大國。然而，由於日本在第二次世界大戰落敗，因此以失敗告終。

過去的德國、蘇聯（現在的俄羅斯）身為陸權大國，將目標放在成為海權大國。但是，這兩個國家最後都以失敗收場。一般認為，「陸權」和「海權」無法同時擁有。因此，中國的「一帶一路」構想（第 94 頁）會怎麼發展，相當引人關注。

必備知識

大東亞共榮圈

第二次近衛文麿內閣於 1940 年 7 月提出，目標是以日本、滿州國、中國所在的東亞為中心，涵蓋東南亞地區，建立日本的霸權。在大東亞共榮圈區域中，日本人以排除白人統治的名義，強制執行與日本同化。

想同時擁有陸權與海權而失敗的日本

在第二次世界大戰時，日本的統治區域除了朝鮮半島、中國大陸外，還擴展至整個東南亞。

「大東亞共榮圈」最大時的地圖

法屬印度支那（現為越南、寮國、柬埔寨、部分中國）

滿州國（現為中國東北部）

菲律賓

緬甸

新幾內亞（現為巴布亞紐幾內亞、印尼）

荷屬東印度（現為印尼）

各國本就各有擅長的部分，海權國家想成為陸權國家的結果就是不會順利。不過話說回來，這領土真的擴張得過頭了……！

Kendrikdirksen

想一想

● 為什麼日本在第二次世界大戰時，會將統治範圍擴展到遙遠的東南亞呢？

● 找找看其他想同時擁有陸權與海權卻失敗的國家案例。

「陸心」和「陸緣」是什麼？

★表現世界地圖上區域特徵的概念

陸權和海權是表現國家特徵的概念，陸心和陸緣則是表現區域特徵的概念。

「陸心」指的是歐亞大陸中央的內陸，從這裡無法輕易靠近海洋。只要控制陸心，就能保有通往歐亞大陸各地的交通中心。然而，就像右頁的地圖所示，雖然陸心北側是海洋，但那片海域是北極海，冬天會結冰，無法當作海洋使用，陸心仍是難以接近海洋的區域。因此，位於陸心的俄羅斯自古以來就渴望擁有不凍港，不凍港即使在冬天也不會結冰。反過來說，陸心幾乎不曾被人從海上進攻，這是陸心的優點。

而歐亞大陸邊緣面海的區域是「陸緣」，但並沒有像國界一樣明確的界線。陸緣包含中國、印度、西班牙、法國。陸緣的邊緣面海，那種海域在地緣政治學上稱為「緣海」（marginal sea）。日本周圍的海中，日本海、東海、鄂霍次克海都是緣海。

「陸心」和「陸緣」是什麼？

北極海到了冬天會結冰，所以船無法航行，必須考量這一點。

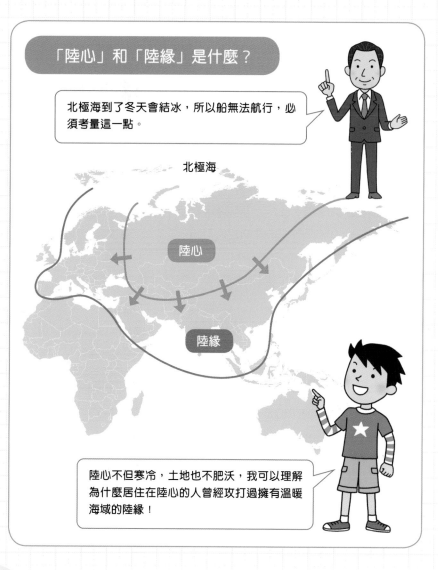

陸心不但寒冷，土地也不肥沃，我可以理解為什麼居住在陸心的人曾經攻打過擁有溫暖海域的陸緣！

想一想

● 位於陸心的國家是陸權還是海權？

● 緣海過去發生過什麼樣的戰爭呢？

認識「陸心」和「陸緣」的差異

★陸緣容易成為紛爭地帶

陸心是以現今的俄羅斯為中心的區域，冬天寒冷少雨，土地大多是荒地，不適合農作。因此自古以來人口少，不是全球大都市。

而陸緣氣候溫暖，土地肥沃，而且還有海洋，對外貿易興盛。因此，諸如上海、香港、曼谷、里斯本、巴黎等知名大城市，都聚集在沿海。

雖然也有像中國那種位於陸緣的陸權國家，不過從陸權與海權的關係來看，大致上可以分為「位於陸心的陸權」和「位於陸緣的海權」兩種。

如同第 56 頁的說明，陸權和海權是很容易對立的關係。陸權國家位於環境嚴峻的陸心，會因為「想將領土擴展至肥沃的土地」或「想出海」，而前往陸緣。如果從其地理特徵來看，這也許是必然的發展。另一方面，海權國家則試圖阻止陸權國家的侵擾。因此，陸緣和緣海很容易成為兩種國家間發生衝突的地點，歷史上也曾發生過多起戰爭。

陸心與陸緣的特徵

衝突

陸心

陸權

陸權

海權

陸權

陸權

陸權

日本海

海權

東海

南海

陸緣

海權

緣海

海權

《陸心的特徵》

● 氣候寒冷，不適合農作

● 人口少，大都市少

● 很少陸權與海權的衝突

《陸緣的特徵》

● 氣候溫暖，適合農作

● 人口多，大都市多

● 陸權與海權在此衝突

想一想

● **查查看過去主要的戰爭和紛爭發生在哪裡。**

一旦失去「權力平衡」， 就會引發戰爭！

★世界的平衡崩塌後，就會引發戰爭！？

　　如果班上的 A 同學為所欲為，擅長打架的 B 同學和 C 同學合力牽制 A 同學的話，A 同學就不能再為所欲為了。這種現象也會發生在各國之間。

　　地緣政治學上有個概念叫作「權力平衡」（balance of power），指的是各國互相敵視或締結友好關係，使各自的權力均衡，藉此維持和平的機制，如果這種權力平衡崩塌，就會產生混亂，進而引發戰爭。

　　舉個例子來說，1970 年代以後，日本的經濟發展急速，美國對此感覺到威脅，因此出現「猛抨日本」（Japan bashing）的現象，同時在 1979 年與原本對立的中國建交，努力改善關係。這個舉動也帶有牽制日本的意義。

　　2000 年代以後，中國的經濟急速成長，開始為所欲為起來，不僅在南沙群島（第 100 頁）掠奪越南的島嶼，也劍指日本的尖閣諸島（第 74 頁）。於是，美國轉而與日本合作，意圖牽制中國。目前美中關係持續惡化，但尚未引發大規模的戰爭，這可以說是由於互相牽制的權力平衡，使世界得以維持國際和平。

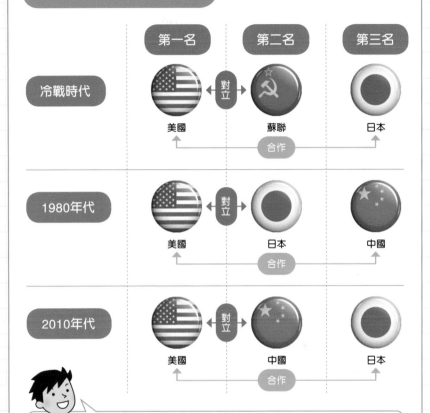

霸權國與第二霸權對立

	第一名	第二名	第三名
冷戰時代	美國	←對立→ 蘇聯	日本
1980年代	美國	←對立→ 日本	中國
2010年代	美國	←對立→ 中國	日本

（冷戰時代）美國——合作——日本

（1980年代）美國——合作——中國

（2010年代）美國——合作——日本

美國只要跟第三霸權合作，第二霸權就追不上！如果不這樣的話，權力平衡會崩塌，美國會跟第二霸權戰爭吧！

想一想

● 接下來的日本該怎麼發展？

● 如果現在的權力平衡崩塌，會發生什麼樣的事？

7

什麼是
「離岸平衡」？

★把敵人的敵人當作朋友，以此保護自己
國家的概念

　　看過日本與美國的關係就知道，國家之間的關係不會永遠不變，也許「今天的朋友是明天的敵人」。

　　英國與日本同為島國，過去曾是霸權國，但近世以後就不曾侵入歐洲大陸。即使第一次世界大戰與第二次世界大戰期間，歐洲大陸成為戰場，英國仍在岸邊（離岸）觀察歐洲，只有在使權力平衡崩塌的國家出現的關鍵時刻，才會與其敵國結盟合作，試圖維持權力平衡。這種想法就叫作「離岸平衡」（offshore balancing）。

　　舉例來說，在第二次世界大戰時，希特勒率領納粹德國逐漸在歐洲大陸擴張領土，英國對此感覺不妙，因此與過去的敵國法國以及蘇聯合作，這兩個國家也都與納粹德國為敵。

　　現在的霸權美國在各地設立軍事基地，一直以來直接參與目前的紛爭。然而，美國現今傾向撤退或縮小海外駐軍，轉而不介入亞洲、中東或歐洲發生的紛爭。面對威脅到美國的國家，如果只從岸邊協助其敵國，就能減輕人力和金錢負擔，這是一大優點。

美國在越戰等戰爭中失敗

為了阻止越南變成共產國家，美國在1965年以軍事介入遙遠的越南，後於1973年撤退。期間花費了龐大的戰爭費用，並造成大量傷亡，約有6萬人戰死沙場。近年來，美國轉而避免這種直接介入的行為。

想一想

● 如果在日本的美軍從日本撤退，會對日本帶來什麼好處與壞處？

8

「阻塞點」
是海上的重要地點

★管轄重要海上運輸線的國家很強

在海上運輸線之中，有幾個地點一旦無法通過，就會令人很頭痛，這些特別重要的地點就稱為「阻塞點」（choke point），包含蘇伊士運河、巴拿馬運河、麻六甲海峽、荷莫茲海峽。

如果船隻無法通過阻塞點，會發生什麼樣的事呢？例如日本約有九成的石油是從沙烏地阿拉伯、阿拉伯聯合大公國、卡達、科威特等中東國家，以油輪進口而來。要將石油運送至日本，就必須經過荷莫茲海峽（第 78 頁），要是荷莫茲海峽被封鎖，日本將無法進口石油，恐對人們的生活造成嚴重混亂。如果發生戰爭，敵國就算不直接攻打日本領土，只要封鎖荷莫茲海峽，中斷日本的石油進口，就會造成很大的傷害。

為了避免這種事發生，日本的同盟國美國在沙烏地阿拉伯、科威特等地設立海軍基地，看守荷莫茲海峽等阻塞點。從另一個角度來看，因為美國以強大的海軍實力管轄阻塞點，因此對日本等世界大國擁有很大的影響力。

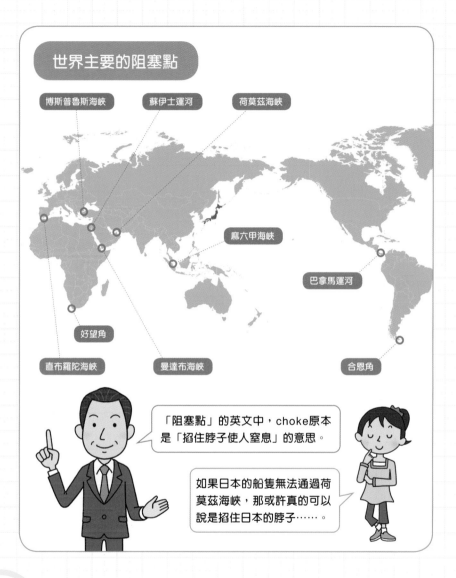

世界主要的阻塞點

博斯普魯斯海峽

蘇伊士運河

荷莫茲海峽

麻六甲海峽

巴拿馬運河

好望角

直布羅陀海峽

曼達布海峽

合恩角

「阻塞點」的英文中，choke原本是「掐住脖子使人窒息」的意思。

如果日本的船隻無法通過荷莫茲海峽，那或許真的可以說是掐住日本的脖子……。

想一想

● 對日本來說，哪些地方是阻塞點？

● 如果不能使用阻塞點，會對日本造成什麼不便？

地緣政治學的重要人物③　史派克曼

　　尼古拉斯・史派克曼（Nicholas J. Spykman，1893 年～1943 年）是美國政治學家與地緣政治學家，以「陸緣理論」（第 60 頁）聞名。相較於提出「陸權理論」的麥金德對陸心投以關注，史派克曼關注的是氣候溫暖的「陸緣」區域，他曾說：「掌控陸緣的人將掌控歐亞大陸，掌控歐亞大陸的人將掌控世界的命運。」由於陸緣會威脅到美國的安全，為了確保美國的國家利益，必須將支配陸緣的國家及陸緣國家的同盟視為威脅，並且擬定阻止其發展的外交政策。

　　在第二次世界大戰前，美國與日本敵對，並與中國為同盟關係，當時史派克曼就預估第二次世界大戰之後，日本與中國的立場會對調。史派克曼能從地緣政治學的角度觀察，並且預測未來的發展，實在是很優秀的地緣政治學家。

　　他曾留下「地理是外交政策中最基本的因素，因為地理不會改變」的名言，對於向他學習地緣政治學的學生，他會要求他們學習大量地理知識。

"Nicholas J. Spykman" by Salah Rashad Zaqzoq is under licensed by CC BY-SA 4.0

第 4 章

認識

日本的

地緣政治風險

日本的領土問題①
俄羅斯不歸還的北方領土

★ 俄羅斯不想歸還的原因

位於北海道北方的擇捉、國後、色丹、齒舞群島合稱北方四島（又稱南千島群島），以前曾有日本人居住。然而，1945 年 8 月，第二次世界大戰結束後，蘇聯（現為俄羅斯）以軍事占領了北方四島。自那以來，俄羅斯實質控制著北方四島。

1951 年，日本簽訂舊金山和平條約，日本放棄了得撫島以北的千島群島以及庫頁島（樺太島）的部分權利，但不包含北方領土。北方四島現在仍為日本領土。雖然日本持續要求俄羅斯歸還，但俄羅斯因為一些原因而不歸還。

首先，根據日美行政協定，美國可以在日本的任何地方設立軍事基地，如果俄羅斯歸還北方領土，美國很有可能在此建立軍事基地，以牽制俄羅斯。俄羅斯想避免此情形發生。此外，如發生緊急狀況，北方四島周圍的海域將成為俄羅斯潛水艦及軍艦前往太平洋的重要航線。由於上述原因，北方四島在軍事上相當重要。

北方四島（統計上，齒舞群島上沒有住人）上約有 18,000 名（截至2018 年的資料）俄羅斯人居住。日本政府為了解決北方領土的問題，持續與俄羅斯交涉。

日本要求歸還的北方領土

堪察加半島

俄羅斯

鄂霍次克海

庫頁島（樺太島）

日本要求的國界

得撫島

千島群島

擇捉島

國後島

色丹島

齒舞群島

俄羅斯實質控制

北海道

太平洋

日本

● 你原本聽過北方領土嗎？
● 為什麼俄羅斯不歸還北方領土呢？

日本的領土問題②
中國虎視眈眈！?尖閣諸島

★中國為了石油而盯上尖閣諸島！

　　尖閣諸島隸屬於沖繩縣石垣市，由魚釣島（臺灣稱其為釣魚台）等九個島嶼組成。尖閣諸島過去並未歸屬於任何國家，1895 年由日本占領後，最多曾有 200 名以上的日本人居住（現均為無人島）。

　　1968 年，日本調查了其周圍海域後，判斷可能有石油資源，狀況便改變了。1971 年，中國突然聲稱「此為本國領土」。2008 年起，中國政府的船隻頻繁出現在尖閣諸島海岸，對日本施壓。

　　近年來，中國石油消費量增加，成為世界上最大的石油純進口國。從地緣政治學的角度分析，中國是典型的陸權國家，一直希望擴張領土，所以為了石油資源，主張擁有尖閣諸島。

必備知識

尖閣諸島

位於沖繩縣石垣市的八重山列島北方東海上，由魚釣島（中國稱其為釣魚島）、久場島（臺灣稱其為黃尾嶼）、大正島（臺灣稱其為赤尾嶼）、北小島、南小島、沖北岩、沖南岩、飛瀨等島嶼組成。2012 年 9 月 11 日，日本政府向民間的產權人收購後，成為國有土地。

尖閣諸島的位置

中國

尖閣諸島

約330km

久米島

約410km

約170km

沖繩

約170km

與那國島

石垣島

臺灣

想一想

● 為什麼中國主張擁有尖閣諸島？
● 尖閣諸島的周圍海域裡有什麼？

日本的領土問題③
與南韓之間的竹島問題

★竹島是南韓反日的象徵！？

竹島（南韓稱其為獨島）隸屬於島根縣，位於日本海西南部，由女島（東島）和男島（西島）這兩個島，以及周邊數十個小島所組成（竹島不是單獨的島，而是這些島的總稱）。

竹島在歷史上和國際法上很明顯都是日本領土，但在 1952 年，當時的南韓總統李承晚單方面設定了名為「李承晚線」的分界線，主張擁有漁業管轄權，將竹島納入其範圍。從那之後，南韓在竹島上設立軍事設施，實質掌控竹島，將竹島當作過去被日本占領的不幸歷史之象徵。

日本為了和平解決竹島的問題，一直向南韓提議交由國際法庭判斷，但南韓持續拒絕此提案。

必備知識

李承晚

1948 年當上南韓第一任總統的政治人物，1952 年設定李承晚線，主張擁有島上的天然資源，並與日本對立。

南韓占領的竹島的位置

也查查看南韓的說法吧！

李承晚線

日本海

鬱陵島

竹島

隱岐群島

南韓

島根縣 松江 日本

對馬

濟州島

五島列島

竹島的空拍照，左邊較大的是男島，右邊是女島，女島上的建築物是南韓的軍事設施。可以從南韓的鬱陵島前往觀光。

? 想 一 想

● 該如何解決竹島的問題？

● 竹島是南韓「不幸歷史之象徵」，這是什麼意思？

為什麼海上自衛隊
要跑到遙遠的中東？

★日本被夾在美國和伊朗之間

2020 年 2 月，日本海上自衛隊的高波護衛艦從橫須賀基地前往中東，目的是蒐集荷莫茲海峽周圍的情報，荷莫茲海峽是日本進口石油的阻塞點（見第 68 頁）。

此行動背景是美國與中東大國伊朗之間關係惡化，1979 年起，美國對反美的伊朗進行經濟制裁，使其無法出口石油，不過到了歐巴馬總統時代，兩國關係有所改善。2015 年，遭懷疑發展核武的伊朗承諾大幅限制核武發展，歐美各國便放寬經濟制裁措施。

然而在 2018 年，川普總統突然重啟經濟制裁，兩國關係惡化。伊朗不僅在荷莫茲海峽扣留英國油輪，又攻擊日本油輪，還擊毀美國無人機。美國也擊毀伊朗的無人機，情勢相當緊張。

為了守護荷莫茲海峽的安全，以美國為中心的英國、阿拉伯聯合大公國等 7 國共同派遣軍隊前往。日本必須協助美國，但是本身也和伊朗關係良好。因此並未直接前往可能成為戰場的荷莫茲海峽，而是以蒐集情報為目的，派遣護衛艦到其前方的阿曼灣。

日本從各國進口石油的比例（2018年）

◎德黑蘭

第七名
伊拉克／1.5%

第四名
科威特／7.6%

第五名
伊朗／3.8%

波斯灣

荷莫茲海峽

第三名
卡達／8.0%

阿曼灣

第一名
沙烏地阿拉伯／38.2%

第六名
阿曼／1.9%

第二名
阿拉伯聯合大公國（UAE）／25.4%

油輪通過之
後前往日本

日本約88%的石油從中東進口。如果油輪無法通過荷莫茲海峽，日本將無法進口石油。

出處：石油聯盟「當今石油產業2019」

想 一 想

● 如果荷莫茲海峽被封鎖，日本會怎麼樣？
● 如果高波護衛艦被捲入戰爭，已放棄戰爭的日本該如何應對？

北韓發射飛彈7分鐘後抵達日本！

★飛彈飛過日本上空是異常現象

　　北韓（朝鮮民主主義人民共和國）至今進行過好幾次飛彈試射。其發射的飛彈不僅會落入日本海，至今（截至 2021 年 2 月的資料）還曾有 6 次飛過日本上空。如果在洲際彈道飛彈（ICBM）裝上核彈頭，就可以進行核攻擊，而北韓據說已經研發出能跨越太平洋、抵達美國的洲際彈道飛彈。即使美國距離遙遠，也無法對北韓發展核武坐視不管。

　　北韓發射的飛彈約 7 分鐘就會抵達日本，日本人的住家附近有可能受飛彈攻擊，日本人的生活中存在這樣的風險，絕對是異常現象。

　　為了解決北韓的核武問題，北韓、南韓、日本、中國、美國、俄羅斯等 6 國從 2003 年起進行「六方會談」，但談話過程並不順利，現在已經中斷會談。北韓繼續進行核武實驗，並且發射飛彈，雖然日本、美國等國對北韓執行經濟制裁，實施禁止出口等手段，但北韓仍未放棄發展核武和飛彈。北韓用飛彈實驗威脅敵視的美國、日本、南韓，期望以更有利的條件解除經濟制裁。

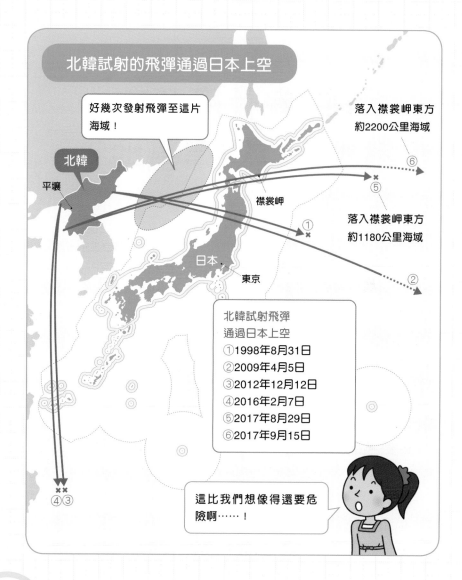

想 一 想

● 北韓的飛彈也有可能落在日本國內，你對此有
什麼看法？

● 為什麼北韓要發射飛彈呢？

美國為什麼要在
日本設立軍事基地？

★對美國來說，日本在地緣政治上超重要

　　美軍在日本各地設立了軍事基地，像是駐日美軍司令部所在的橫田基地（東京都）、陸軍司令部所在的座間基地（神奈川縣）、海軍司令部所在的橫須賀基地（神奈川縣），日本各地都有美軍相關設施，其中有七成的面積都集中在沖繩。

　　為什麼美國要在日本設立那麼多軍事設施呢？是因為在 1960 年簽訂的美日安保條約中，美國說好用美軍保護已放棄戰爭的日本嗎？當然這也是美國的目的之一，不過從地緣政治學上來看，日本對美國來說本來就是很重要的位置。

　　舉例來說，在沖繩設置洲際彈道飛彈（ICBM），就能把世界主要都市納入射程範圍。此外，美國將橫須賀基地設為國外唯一的航空母艦母港，這是因為橫須賀基地鄰近俄羅斯、中國、北韓等國，發生事情的時候能立刻反應。尤其可以牽制擁有撼動霸權國能力的中國，因此對美國來說，將軍事基地設在離中國很近的日本，的確意義非凡。

　　然而，敵視美國的國家可能會瞄準日本的美軍基地攻擊。北韓經常試射飛彈，就是在模擬攻擊駐日美軍基地，日本也承受著這個風險。

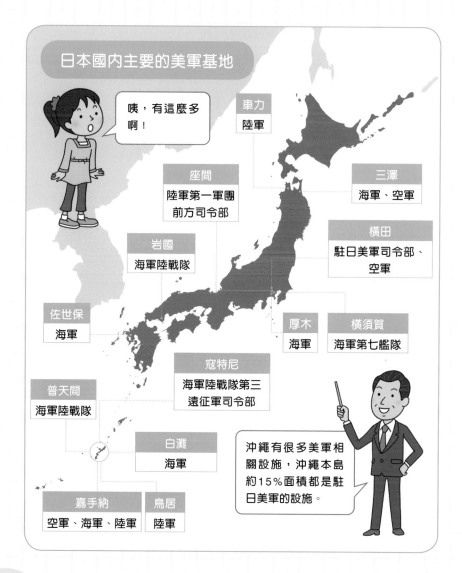

日本國內主要的美軍基地

咦，有這麼多啊！

車力
陸軍

座間
陸軍第一軍團
前方司令部

三澤
海軍、空軍

橫田
駐日美軍司令部、
空軍

岩國
海軍陸戰隊

佐世保
海軍

厚木
海軍

橫須賀
海軍第七艦隊

寇特尼
海軍陸戰隊第三
遠征軍司令部

普天間
海軍陸戰隊

白灘
海軍

沖繩有很多美軍相
關設施，沖繩本島
約15％面積都是駐
日美軍的設施。

嘉手納
空軍、海軍、陸軍

鳥居
陸軍

想 一 想

● 想想看日本有美軍相關設施的優點和缺點
是什麼。

● 沖繩人對駐日美軍有什麼看法？

地緣政治學的重要人物④ 克哲倫

　　克哲倫（Rudolf Kjellén，1864 年～1922 年）是瑞典的政治人物、政治學家、地理學家，也是最早使用「地緣政治學」一詞的人。

　　克哲倫早年向弗里德里希・拉采爾學習，拉采爾曾提出國家有機體理論，認為「國家就像獨自成長的生物」，克哲倫則繼續發展國家有機體理論。在研究的過程中，克哲倫首次使用了「地緣政治學」一詞。

　　克哲倫曾提出「封閉經濟」（Autarky）的概念，也就是「國家有權掌控自給自足所需資源」。簡單來說，克哲倫認為國家就像生物一樣，如果資源不足以自給自足，那去擴張領土、取得自己所需的資源並沒有問題。

　　這種想法後來深深影響了「生存空間」（第 47 頁）的概念，也就是納粹德國正當化侵略的理論。

克哲倫是最早使用「地緣政治學」一詞的人

第 5 章

了解美國和中國

這兩大國

很重要

1

日本被兩個
超大國包夾

★日本在各方面都被超大國包夾

　　過去美國和蘇維埃聯邦（蘇聯，現為俄羅斯）被視為超大國，前者代表自由主義，後者代表共產主義，兩者在政治、經濟、軍事等各方面激烈對立（冷戰時期）。後來，蘇聯在 1991 年解體，超大國只剩美國一國。

　　這幾年，中國經濟急速成長，對全世界的影響力漸增，成為與美國並列的超大國。

　　日本夾在這兩個超大國之間，是世界第三大經濟體，雖然也是大國之一，但在政治上以及經濟上，日本對全世界並沒有那麼大的影響力，不算是超大國。

　　身為霸權國的美國，在 2021 年 1 月卸任的川普總統時期，曾信奉「美國優先」（America First）主義，由於中國的能力威脅到了美國，於是祭出多項政策，以削弱中國。結果兩國關係達到前所未有的惡化。

　　日本是美國的同盟國，該怎麼與地理位置上鄰近的中國相處呢？對於美國和中國這兩個超大國的行動與狀況變化，日本人必須敏銳應對。

日本在地理位置上被超大國包夾

過去的超大國／俄羅斯

世界第一超大國／美國

日本當然也是大國之一！

2010年代起成為超大國／中國

《超大國的歷史》
- ～1940年代／英國（大英帝國）
- 1950年代～1990年代／美國和蘇聯
- 1990年代～2000年代／美國
- 2010年代～／美國和中國

一旦有兩個超大國，就會互相爭奪霸權，基本上都處於對立關係。

日本在地理上被超大國包夾，兩邊都必須打好關係才行。

想一想

- 你對美國有什麼樣的印象？
- 你對中國有什麼樣的印象？

2

為什麼美國是
世界最強的呢？

★美國的經濟能力和軍事能力都是世界第一

大家都知道美國是全世界最強的霸權國，但國家的強弱是怎麼決定的呢？

並沒有一套固定的標準來決定國力，不過一般會注重經濟能力或軍事能力。看右頁的表格就可以知道，美國擁有全世界最強的軍隊，代表經濟規模的國內生產總額（GDP）數值也是世界第一。此外，還有一個決定美國是全世界最強霸權國的因素，那就是美國貨幣「美元」。

舉個例子來說，當日本的公司要從印度進貨時，要是拿到印度的貨幣，那肯定會很傷腦筋，因為在日本無法使用印度的貨幣「盧比」，也無法兌換成日幣。但是，如果使用關鍵貨幣美元，那在全世界都可以用，也可以兌換成其他幣種。所以，即使是美國以外的國家，也會使用美元進行國際交易。如果美國禁止美元交易，那全世界的國家都會很傷腦筋。美國的貨幣「美元」是關鍵貨幣，這也是美國強權的權力來源之一。

在右頁的表格中，GDP 比較表的單位也是美元。在這種經濟規模，或是有關錢的事情上，比較世界各國的狀況時，通常都會使用關鍵貨幣，也就是美國的美元計算。

美國是全世界最強的三個因素

● 名目GDP排行榜（2020年預估情況）

名次	國家	名目GDP（美元）
1	美國	20兆8072億美元
2	中國	14兆8607億美元
3	日本	4兆9105億美元
4	德國	3兆7805億美元
5	英國	2兆6383億美元

出處：國際貨幣基金（IMF）

● 軍事能力排行榜（2021年）

名次	國家	火力指數
1	美國	0.0718
2	俄羅斯	0.0791
3	中國	0.0854
4	印度	0.1207
5	日本	0.1599

※火力指數愈接近0，代表軍事能力愈強。
出處：Global Firepower「2021 Military Strength Ranking」

● 各幣種匯兌交易量占比（2019年）

名次	幣種	占比
1	美元	88.3%
2	歐元	32.3%
3	日圓	16.8%
4	英鎊	12.8%
5	澳元	6.8%

※因為貨幣是兩兩交易，例如「日圓兌美元」，因此總和為200%。
出處：國際清算銀行

美國在每一項都是第一名呢。雖然日本都有進入前五，但是和美國的差距還是很大！

想一想

● 你認為美國的經濟能力和軍事能力接下來也會一直是世界第一嗎？

● 看到日本的排名，你有什麼感想？

中國被稱為「超大國」的原因

★中國在這幾年急速增強實力

　　先前已經說明過美國和中國是超大國，但為什麼過去曾是世界第二經濟大國的日本，沒有被人稱為「超大國」呢？雖然日本在 2000 年的 GDP 排名世界第二，但數字不到美國的一半。然而，中國在 2020 年的 GDP 已經是美國的約七成，甚至有望在 2030 年以前超越美國。

　　此外，中國是擁有核武的國家，近幾年的國防預算也持續增加，一般預測中國的軍事能力，不久之後將能與美國並駕齊驅。而日本則已經宣布「放棄戰爭」，也沒有核武，軍事能力並不足以被稱為軍事大國。

　　再者，中國是聯合國的五個常任理事國之一，擁有安理會的否決權，這也是和日本相當不同的地方。

必備知識

常任理事國

指的是美國、英國、俄羅斯、法國、中國，這 5 國在聯合國安理會常任理事國。常任理事國擁有否決權，只要其中一國否決，安理會的決議就不會成立。日本也希望成為常任理事國，但尚未實現。

這幾年存在感日漸強烈的中國

● 名目GDP排行榜（2000年）

名次	國家	名目GDP（美元）
1	美國	10兆2523億美元
2	日本	4兆8875億美元
3	德國	1兆9488億美元
4	英國	1兆6609億美元
6	中國	1兆2055億美元

出處：國際貨幣基金（IMF）

● 名目GDP排行榜（2020年）

名次	國家	名目GDP（美元）
1	美國	20兆8072億美元
2	中國	14兆8607億美元
3	日本	4兆9105億美元
4	德國	3兆7805億美元
5	英國	2兆6383億美元

出處：國際貨幣基金（IMF）

● 國防預算排行榜（2000年）

名次	國家	國防預算
1	美國	4667億美元
2	法國	469億美元
3	日本	454億美元
4	英國	448億美元
6	中國	430億美元

出處：斯德哥爾摩國際和平研究所（SIPRI）

● 國防預算排行榜（2019年）

名次	國家	國防預算
1	美國	7317億美元
2	中國	2610億美元
3	印度	711億美元
4	俄羅斯	651億美元
9	日本	476億美元

出處：斯德哥爾摩國際和平研究所（SIPRI）

想 一 想

● <u>查查看中國經濟急速成長的原因。</u>
● 日本的 GDP 和 2000 年相比沒什麼增加，這是為什麼呢？

美國和中國
關係不好的原因

★霸權國與第二霸權時常爭奪霸權

目前世界上的兩個超大國，美國與中國的關係正在惡化。在美國前總統川普時期，兩國尤其在貿易上針鋒相對，激烈程度甚至可比擬為戰爭，因此又稱作「美中貿易戰」。

本書第 64 頁「權力平衡」曾說明過，霸權國為了鞏固其地位，會試圖削弱第二霸權的國力。而第二霸權為了奪取霸權國的地位，也會與霸權國對立。過去的美國與俄羅斯對立的「冷戰」即為典型的例子。

美中兩國在各方面互相對立，彼此關係複雜，但從地緣政治學上來看並不複雜。美國掌握了世界霸權，中國在 2000 年代後急速成長，這兩國必然會爭奪霸權。

必備知識

美中貿易戰

2018 年 3 月，川普政府針對鋼鐵以及鋁課徵 10% 的追加關稅。作為對抗措施，中國則對美國產的豬肉和葡萄酒等，共 128 項貨物加徵最高 25% 的關稅。之後兩國不斷實施報復性關稅，關係更加惡化。

美國與中國對立的主要問題

中國　　　　　　　美國

　×　

★ 貿易問題

美國對進口自中國的貨物課以高關稅之後，中國也報復性地對進口自美國的貨物課高關稅！

★ 維吾爾問題

針對中國政府在新疆維吾爾自治區對少數民族的迫害，美國譴責中國政府侵害人權。中國反駁此事無憑無據，並非事實。

★ 華為問題

美國聲稱因有資安問題，禁止進口中國的高科技企業華為和中興的產品。

★ 新冠病毒問題

針對發生於中國武漢市，並擴及全世界的新冠病毒疫情，美國前總統川普譴責「中國必須負責」。

 想 一 想

● 美國對中國產品課高關稅後，進口至美國的中國產品會增加還是減少？

中國推動的
「一帶一路」是什麼？

★中國推動的巨型經濟圈構想

2013 年，中國國家主席習近平推出了巨型經濟圈構想──「一帶一路」。這個構想由行經中亞的陸路「絲綢之路經濟帶」（＝「一帶」），以及行經印度洋的海路「21 世紀海上絲綢之路」（＝「一路」）所組成，推動這些地方的公路、鐵路、港灣等基礎建設（指產業和生活基礎的設施）發展。

中國擁有過剩的生產力，光靠國內無法消耗完，因此找上公路、鐵路等基礎建設落後的新興國家，打算「借錢」給這些國家，幫這些國家建設公路、鐵路、港口等，運用自國多餘的生產力，擴大對新興國家的影響力。但有些國家無法償還龐大的借款，有些國家的當地居民與移入的中國勞工發生摩擦，出現許多問題。

必備知識

習近平

1953 年出生的中國政治人物。2013 年 3 月接替胡錦濤，當上國家主席。2018 年 3 月起廢除國家主席「最多做兩任十年」的任期規定。

「一帶一路」構想的示意圖

俄羅斯

絲綢之路經濟帶（一帶）

歐洲

中亞

地中海

中國

日本

印度

太平洋

印度洋

21世紀海上絲綢之路（一路）

中國是典型的陸權國家，試圖以「一帶」擴大在陸地上的影響力，同時以「一路」掌握海權。一般認為無法同時擁有陸權和海權，因此成為今後的關注重點。

想 一 想

●如果中國推動的「一帶一路」成功了，將來可能會發生什麼事呢？

●日本也應該涉入「一帶一路」嗎？

中國想以鐵路和水擴大對東南亞的影響力

★中國在東南亞的存在感日漸增加

　　中國是陸權國家，打算沿線擴大陸地上的勢力。中國早已開始建設連接雲南省省會昆明和寮國首都永珍的高速鐵路「中寮鐵路」，並預計在 2021 年 12 月通車（現已通車）。寮國本身沒有鐵路，因此相當希望鐵路通車。然而，由於主要由中國勞工來建設，中國人在寮國的存在感日漸增加，使寮國逐漸中國化，愈來愈多寮國人對此意識到危機感。

　　對東南亞各國來說，湄公河（上游瀾滄江位於中國境內）是重要的水資源。周遭的居民會到河邊捕魚，並使用湄公河的水進行稻作和水力發電。

　　然而，中國位於湄公河上游，仰賴中國支援的寮國建設了許多水壩，攔截河水，因此這幾年下游泰國和越南的湄公河流域水資源愈來愈不足，變得難以確保生活用水，也捕不到魚，造成了許多問題。

　　泰國、越南以及與中國對立的美國都譴責中國擋住上游的水，但中國仍試圖以鐵路和水資源，繼續擴大其對東南亞的影響力。

中國在東南亞的影響力日漸增加

除了寮國外，中國也正在泰國興建高速鐵路。日本原本預計協助建設曼谷至清邁的鐵路，但現已中止。

○已完成的水壩
○計畫中的水壩
※截至2019年11月的資料（史汀生中心調查）

中國
湄公河（瀾滄江）
昆明
中寮鐵路（已通車）
緬甸
磨丁
河內
琅勃拉邦
永珍
清邁
高速鐵路（計畫中）
仰光
柯叻府
泰國
寮國
曼谷
柬埔寨
越南
中國建設的高速鐵路（建設中）
金邊
胡志明

中國在湄公河上游蓋了好多水壩！

？ 想 一 想

● 中國在湄公河上游蓋水壩，導致位於下游國家水資源不足，你對此有什麼想法？

● 中國為什麼要興建連接寮國的高速鐵路？

中國接連奪得據點的「債務陷阱」是什麼？

★如果無法償還，中國就能據為己有

中國為了實現一帶一路，設立了亞洲基礎設施投資銀行（AIIB），將基礎建設所需資金借給開發中國家。擁有資金的中國，持續把錢借給沒有錢進行基礎建設的開發中國家。

例如位於「21 世紀海上絲綢之路」的開發中國家斯里蘭卡，向中國借了龐大的款項，用來建設漢班托塔港。但斯里蘭卡無力償還借款，只好簽下合約，將漢班托塔港租給中國企業 99 年，權力移交中國。

像這種用債務壓垮別的國家，最後將港口等設施掌握在手中的作法，就稱為「債務陷阱」，在一帶一路的夥伴國家中，也有愈來愈多國家開始警戒中國。

必備知識

亞洲基礎設施投資銀行（AIIB）

由中國主導設立的國際金融機構，支援亞太地區的基礎建設，簡稱 AIIB。截至 2021 年 1 月的資料顯示，已有 102 個國家或地區加入 AIIB，但日本和美國並未加入。

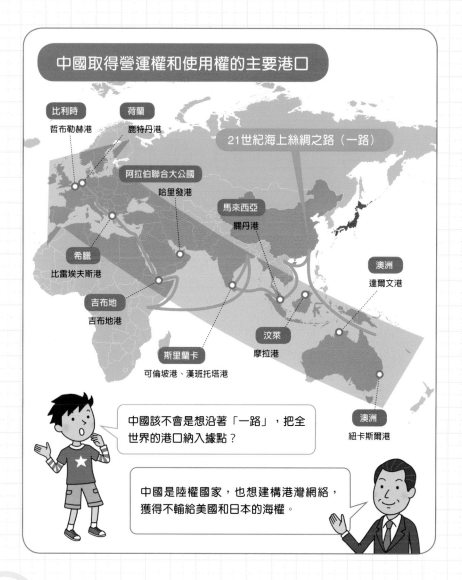

中國取得營運權和使用權的主要港口

21世紀海上絲綢之路（一路）

比利時
哲布勒赫港

荷蘭
鹿特丹港

阿拉伯聯合大公國
哈里發港

馬來西亞
關丹港

希臘
比雷埃夫斯港

吉布地
吉布地港

斯里蘭卡
可倫坡港、漢班托塔港

汶萊
摩拉港

澳洲
達爾文港

澳洲
紐卡斯爾港

中國該不會是想沿著「一路」，把全世界的港口納入據點？

中國是陸權國家，也想建構港灣網絡，獲得不輸給美國和日本的海權。

想一想

● 你對於「債務陷阱」的作法有什麼看法？
● 有些開發中國家明明知道沒有能力償還，卻還是向中國借錢，這是為什麼呢？

中國的「第一島鏈」和「第二島鏈」是什麼？

★中國的目標是海權大國！？

　　中國是擁有遼闊國土的陸權國家，企圖進軍海洋。從地圖上一看就知道，一旦中國要出海，日本、臺灣、菲律賓、越南就會在地理上成為阻擋去路的障礙。

　　1980年代，中國在地圖上畫了一條線，北從日本九州沖繩開始，經過臺灣、菲律賓抵達南海，這條線就是「第一島鏈」。這條線上包含尖閣諸島（第74頁），中國正在增強自身位於這一區的軍事能力。

　　此外，從日本本島開始，經過小笠原群島、關島的線，叫作「第二島鏈」。中國將這兩條線內的區域當作勢力範圍，正擬定策略，不讓海外的外國勢力從海上進來，尤其是擁有全世界最強海權的美國。

　　中國就是像這樣，大動作把目標指向海權大國。中國會和日本爭吵尖閣諸島的問題，除了因為發現石油資源，還有另一個原因是中國想控制住鄰近的尖閣諸島周圍的海域。此外，在歷經種種軍事衝突後，中國奪取南沙群島和西沙群島，在群島範圍內的岩礁和島上設立軍事設施，與周邊國家爭吵擁有權。一看地圖就可以知道，那些都是在「第一島鏈」內進行海上防衛的重要據點。

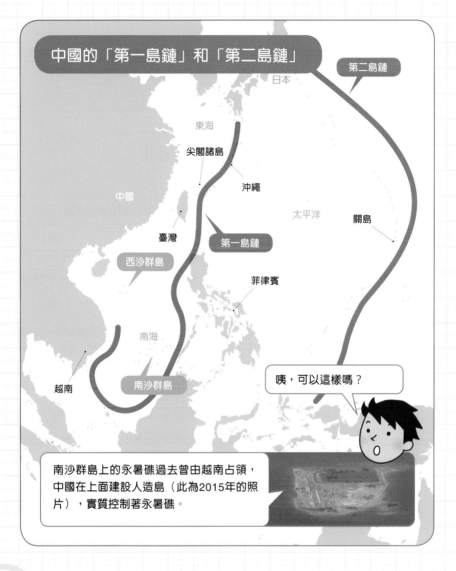

中國的「第一島鏈」和「第二島鏈」

第二島鏈

日本

東海

尖閣諸島

沖繩

中國

太平洋

關島

臺灣

第一島鏈

西沙群島

菲律賓

南海

咦,可以這樣嗎?

越南

南沙群島

南沙群島上的永暑礁過去曾由越南占領,中國在上面建設人造島(此為2015年的照片),實質控制著永暑礁。

想一想

● 查查看尖閣諸島上曾經發生過什麼事!
● 中國陸陸續續在南沙群島和西沙群島上設立軍事設施,你對此有什麼看法?

日本應和美中建立
什麼樣的關係？

★雖然日本和中國之間有尖閣諸島的問題……

日本在第二次世界大戰後與美國結成同盟，因此一直受到保護，不用擔心軍事威脅。然而，中國經濟成長快速，經濟能力和軍事能力日漸擴增，狀況已經和之前不同了。像是關於尖閣諸島的問題（第 74 頁），中國在 2000 年代之後獲得經濟成長的紅利，對日本發起許多具有挑釁性的軍事行動。

美國和中國的關係也惡化了，尤其在貿易方面激烈對立，不惜抵制中國的貨物，這部分在前面的章節已經說明過。

中國在地理上距離日本很近，擁有約 14 億人口，是日本的第二大出口國（2019 年，第一大是美國），也是日本的第一大進口國（2019 年，第二名是美國），算是相當重要的貿易夥伴。在發生新冠病毒疫情之前的 2019 年，一整年約有 960 萬名中國旅客到訪日本，在世界各國中擁有最大的消費力，貢獻了約 1.7 兆日圓，是日本重要的觀光客來源。現在對日本來說，中國是經濟上不可或缺的國家。

一邊是在政治、軍事、經濟等各方面都關係緊密的美國，另一邊是雖然有難以解決的尖閣諸島問題，但在經濟方面比美國還要重要的中國，日本該如何與這兩國往來呢？這可以說是攸關日本未來的關鍵。

中國和美國在經濟上都是日本的重要夥伴

● 日本的出口國（2019年）

總額	76兆9317億日圓
第1名	美國	15兆2545億日圓（19.8%）
第2名	中國	14兆6819億日圓（19.1%）
第3名	韓國	5兆438億日圓（6.6%）
第4名	臺灣	4兆6885億日圓（6.1%）
第5名	香港	3兆6654億日圓（4.8%）

【主要的出口品】
汽車、發動機（引擎等）、汽車零件

【主要的出口品】
半導體等電子零件、半導體等生產設備、塑膠

● 日本的進口國（2019年）

總額	78兆5995億日圓
第1名	中國	18兆4537億日圓（23.5%）
第2名	美國	8兆6402億日圓（11.0%）
第3名	澳洲	4兆9576億日圓（6.3%）
第4名	韓國	3兆2271億日圓（4.1%）
第5名	沙烏地阿拉伯	3兆158億日圓（3.8%）

【主要的進口品】
通訊器、服飾與配件、電腦類

【主要的進口品】
發動機（引擎等）、飛機、醫藥品

※（ ）為總額之占比

看了日本的進出口國家排名，就知道美國和中國都是超重要的貿易夥伴。

出處：日本財務省「貿易統計」

想 一 想

● 日本應該跟美中兩國保持良好關係嗎？還是跟其中一國保持良好關係呢？

地緣政治學的重要人物⑤　杭廷頓

　　塞繆爾・杭廷頓（Samuel P. Huntington，1927 年～2008 年）是美國的政治學家，曾擔任哥倫比亞大學「戰爭與和平」研究所的副所長，以及哈佛大學教授等，1996 年出版《文明衝突與世界秩序的重建》一書，在全世界引起話題。他在那本書中主張，冷戰結束後的世界並非「自由主義」和「共產主義」兩種不同想法的對立，而是文明的對立。他將文明的對立稱為「衝突」。

　　杭廷頓認為世界被分成中華、日本、印度、伊斯蘭、西歐、俄羅斯、拉丁美洲、非洲等文明，尤其指出西歐和伊斯蘭之間衝突的可能性。

　　然後在 2001 年 9 月 11 日，美國發生了 911 事件，那是由伊斯蘭激進派恐怖分子團體蓋達組織發起的恐怖攻擊。這個事件簡直展現了「西歐」與「伊斯蘭」文明的衝突。因為杭廷頓成功預測了衝突，因此更加聲名大噪。

以《文明衝突與世界秩序的重建》之作者聞名的杭廷頓

第 6 章

回顧歷史

能更了解

地緣政治學 →

為了了解地緣政治學，
我們要回顧歷史

★將歷史活用至未來才有意義

　　雖然「歷史總會重蹈覆轍」，但若從地緣政治學的角度分析過去發生過的事，將會產生有別於在學校歷史課上所學習的觀點。

　　從地緣政治學回顧歷史，會發現陸權國家試圖在陸心擴張領土，海權國家則試圖防止陸權的侵略，兩者在陸緣附近以及緩衝帶（buffer zone）反覆發生戰爭。只要地理環境不變，就會不斷發生同樣的事。

　　本章要來回顧至今的歷史，以及與日本相關的幾場戰爭。因為「歷史總會重蹈覆轍」，只要記起歷史的教訓，就能活用至未來。

必備知識

緩衝帶（buffer zone）

指的是被對立的多個大國包夾的區域。由於中間夾著緩衝帶，能在對立的大國之間發揮緩和衝突的效果，但大國也很容易在這一帶發生戰爭。被中國、俄羅斯、日本包夾的朝鮮半島就是具代表性的緩衝帶之一。

為了不重蹈覆轍，所以要記起歷史的教訓

1945年2月25日，時值第二次世界大戰，東京受到多次空襲，四處野火燎原。為了不重複悲慘的歷史，人們必須記起歷史的教訓，並活用至未來。地緣政治學有助於人類理解歷史，成為活用至未來的提示。

想 一 想

● 為什麼歷史總會重蹈覆轍呢？
● 想想看有哪些歷史總是重複發生。

2

陸權和海權
交替掌握權力

★大陸國家與海洋國家戰爭的歷史

回顧世界歷史，會發現陸權和海權交替掌握權力。

在 15 世紀以前，航海技術尚未發達，陸權占有優勢，蒙古帝國掌控歐亞大陸一帶，就是具有代表性的例子。到了大航海時代，葡萄牙、西班牙等海權國家掌握了權力，在全世界擴展殖民地。19 世紀時，鐵路問世，陸上交通網變得發達，換俄羅斯和德國等陸權國家掌握權力。到了 20 世紀，擁有海軍實力的美國與日本崛起，在第二次世界大戰後，美國成為霸權國，日本也成為大國。然後，時間來到 21 世紀，身為陸權國家的中國也擴大海權方面的影響力，正威脅著美國。

必備知識

大航海時代

指的是 15 世紀至 17 世紀前半，葡萄牙、西班牙等國出海到遠洋，侵略海外各區的時代。瓦斯科‧達伽馬（Vasco da Gama）發現印度航線、哥倫布抵達美洲大陸之後，歐洲各國在全世界奪取殖民地。

陸權和海權交替掌握優勢

不覺得歷史總重複發生嗎？

～15世紀
陸權的時代
← 成吉思汗
航海技術尚未成熟，陸上運輸和陸上戰爭為主流。
【掌權的國家】蒙古帝國

15世紀～19世紀
海權的時代
← 哥倫布
大航海時代來臨，歐洲各國在全世界奪取殖民地。
【掌權的國家】西班牙、葡萄牙

19世紀～20世紀
陸權的時代
← 希特勒
鐵路問世，陸上交通網變得發達，陸權崛起。
【掌權的國家】德國、俄羅斯

20世紀中期～
海權的時代
← 甘迺迪
海軍實力堅強的美國成為霸權國，日本也受惠於貿易，經濟快速成長。
【掌權的國家】美國、日本

21世紀～
陸權與海權的時代？
← 習近平
中國經濟成長，威脅到美國，也試圖進軍海洋。
【掌權的國家】中國、美國

接下來的時代會是同時擁有陸權和海權的國家嗎？

  想 一 想

●中國的經濟能力與軍事能力都快速成長，但有辦法從美國手上搶走霸權國的地位嗎？

日本也發生過
陸權與海權之戰

★從地緣政治學回顧日本的歷史

　　如果從地緣政治學回顧日本的歷史，可以看作是陸權與海權的對立。

　　舉例來說，一般認為鎌倉幕府屬於陸權，因為源氏擅長騎馬。蒙古帝國（元）襲擊日本時，就是騎兵擊退蒙古帝國的。而源氏的對手平氏，則擁有實力堅強的水軍，因此屬於海權。源平合戰的最後一場戰事為 1185 年的壇之浦之戰，那是一場水軍之戰，由於部分處於劣勢的平氏水軍叛逃至源氏，被源氏吸收為戰力，也因為源義經的活躍，平氏戰敗。

　　江戶幕府以控制土地為權力基礎，因此也屬於陸權。江戶幕府最終被薩長同盟擊敗，1867 年第 15 代將軍德川慶喜歸還政權（大政奉還），將持續約 260 年的江戶幕府歷史畫上句點。而薩長同盟的薩摩藩曾與琉球王國（現為沖繩）進行貿易，製造出日本首艘西式軍艦，薩長同盟的長州藩也在後來製造出兩艘西式軍艦，因此都屬於海權。

　　到了明治時代，日本向陸權國家德國學習陸軍制度，並向海權國家英國學習海軍制度。

源平合戰是陸權與海權的戰爭

勞年武者无類

九郎判官源義經

能登守教經

平教經（平清盛的弟弟）在壇之浦之戰已感覺到戰敗的氣息，做好一死的覺悟，為了討伐源義經這個源氏大將，拚命尋找其身影。然而，義經不斷以跳躍的方式穿梭於手下軍隊的船。左圖畫的就是這個「義經連跳八船」的場面，教經不得不放棄奪取義經的首級。平氏在這場戰爭中滅亡，源氏成立鎌倉幕府，日本走入陸權的時代。

出處：月岡芳年〈芳年武者無類〉

想一想

● 群雄割據的日本戰國時代是陸權的時代，還是海權的時代？

從地緣政治學思考 日俄戰爭發生的原因

★想往南進軍的俄羅斯與阻擋在前的日本

1904 年發生了日俄戰爭，從地緣政治學的角度來看，是陸權國家俄羅斯與海權國家日本的戰爭，這場戰爭不是發生在日本或俄羅斯的領土，而是發生在陸緣的朝鮮半島以及大清，還有緣海的日本海上。

俄羅斯希望獲得冬天也能出海的不凍港，因此打算進軍朝鮮半島和大清。但是，一旦俄羅斯南下，就會威脅到日本。要是朝鮮半島變成大國俄羅斯的領地，日本被侵略的可能性就會升高。

於是，日本與俄羅斯在朝鮮半島以及大清激烈交戰。儘管日本處於不利條件，但卻奇蹟似地獲勝。後來兩國簽訂朴次茅斯條約，日本取得滿州南部的鐵路和領地租借權，以及對大韓帝國的指導權等權力，成功阻擋了俄羅斯的南下野心。

日本以日俄戰爭的勝利為契機，正式進軍亞洲大陸。後來，日本意圖成為陸權大國，持續擴張領土，提出「大東亞共榮圈」（第 58 頁）的構想，但最後的結局是「戰敗」。從地緣政治學的角度來看，日本可以說是犯下了錯誤。

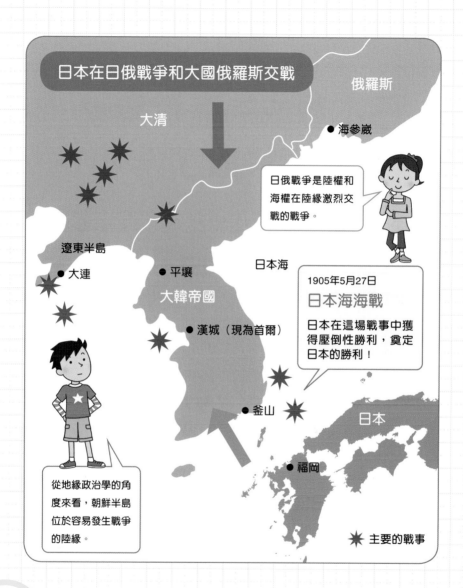

想一想

● 如果日本打輸了，俄羅斯會對日本做什麼事呢？

日本想成為陸權國家卻失敗了

★日本並未記起歷史的教訓，因而走上絕路

日本以日俄戰爭成功阻止俄羅斯南下，並且在 1910 年併吞韓國，緊接著就進軍中國大陸，打算取得陸權。

在第二次世界大戰時，日本計畫取代被歐美控制的殖民地，以日本為中心，建立亞洲人（東亞民族）共存共榮的「大東亞共榮圈」。其範圍包含當時屬於日本領地的朝鮮（現在的南韓和北韓）、臺灣、滿州，以及曾屬於歐美殖民地的東南亞各國（第 59 頁）。然而，當時的美國相當重視與中國的貿易，因此日本和美國在利害關係上對立。

地緣政治學認為「雖然海權的特性並不愛好戰爭，但是一旦在利害關係上對立，就會發生大規模的戰爭」。同為海權的日本和美國激烈對立之下，1941 年 12 月 8 日，由於日本突襲夏威夷珍珠港的美軍基地，引發了兩國的戰爭。然後，1945 年 8 月，原子彈落在廣島和長崎，日本投降，戰爭以此悲劇結束。

歷史上幾乎沒有海權國家成功取得陸權的例子。從地緣政治學的角度來看，日本想獲得陸權，可以說是一大失敗。

與美國對立之後被投下原子彈

1945年8月6日，廣島被投下原子彈，3天後的8月9日，長崎被投下原子彈。照片是當時的蕈狀雲。日本與海權國家美國的對立日漸激烈，最終導致大量無辜的市民犧牲。

Kendrikdirksen

想一想

● 查查看日本進軍中國大陸的理由。
● 查查看同為島國的英國在第二次世界大戰時的行動。

冷戰時代是
「核武」的時代

★日本被美國的「核保護傘」所保護

回顧歷史，會發現擁有時下最新技術的國家，在地緣政治上握有力量。在 19 世紀～20 世紀的帝國主義時代，海軍實力（海權）堅強的英國握有權力，而在第二次世界大戰時，則是海軍與空軍實力（空權）堅強的美國握有權力。到了戰後，擁有核武戰力（核動力）的美國與蘇聯（現為俄羅斯）成為了世界上的超級大國。

冷戰時期，美國與蘇聯互相競爭、發展核武。兩國為了防止對方對己方及己方同盟國進行核武攻擊，以「如果你使用核武，我也會使用核武」的立場互相威脅，因此不斷增加核武數量。

後來冷戰結束，美國和俄羅斯都在減少核武，但是北韓等部分國家仍在增加核武。

日本沒有戰力，當然也沒有核武。如同本書第 80 頁所述，日本目前暴露在北韓核武攻擊的風險之下，但北韓無法輕易對日本使用核武，因為身為日本同盟國的美國所擁有的核武成為一種威懾。擁有核武的國家會以核武保障同盟國的安全，稱為「核保護傘」（nuclear umbrella）。

各國的預估核彈頭數量（2020年1月的資料）

英國 / 215

法國 / 290

俄羅斯 / 6375

北韓 / 30～40？

中國 / 320

巴基斯坦 / 160

印度 / 150

美國 / 5800

》 總計 / 13400發

※由於北韓的彈頭數不明，並未算入總計。

在冷戰結束前的1980年代後半，全世界有超過7萬發核彈頭數，現在已大幅降低。然而，中國和北韓的核彈頭數有增加的趨勢。

出處：SIPRI「SIPRI YEARBOOK 2020」

 想一想

● 只要所有國家都放棄核武，就能免除核武的威脅，為什麼那些國家不願意這麼做呢？

地緣政治學的重要人物⑥ 季辛吉

　　亨利‧季辛吉（Henry Kissinger，1923 年～）是美國的政治人物以及國際政治學家，在尼克森政府及福特政府時期，擔任過總統國家安全事務助理、國務卿等職位。他在 1971 年秘密訪問中國，展開「季辛吉外交」，替尼克森總統的訪中行程鋪路，該行程促成後來的美中和解。季辛吉對結束越戰也有所貢獻，獲得了諾貝爾和平獎。

　　第二次世界大戰後，美國將地緣政治學視為有如納粹德國般惡劣的事物，因此不太討論地緣政治學，而季辛吉改變了這種印象。

　　他在 1979 年出版了《白宮歲月》，書中使用了「地緣政治學」一詞，使美國再度使用起這個名詞，也成為日本熟悉「地緣政治學」一詞的契機。

季辛吉是諾貝爾和平獎得主

第 7 章

思考

日本的

未來

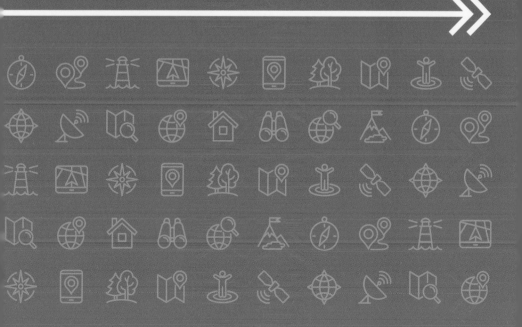

沒有軍隊的日本如果被攻擊了會不會有事？

★想想看如何保衛自己的國家！

日本在憲法第 9 條宣言「放棄戰爭」，因此日本的自衛隊與其他國家的一般軍隊不同，不能先發動攻擊。自衛隊在受到對手的武力攻擊之後，才能行使保衛國家所需最小限度的防衛能力（專守防衛）。假設日本事先知道北韓要發射飛彈，自衛隊也不能攻擊發射台。

目前駐守在日本的美軍能抑制其他國家攻擊日本，但是，北韓仍有可能對日本發射飛彈，中國船艦也仍有可能在尖閣諸島周圍進行軍事行動。

有些人認為即使日本承受著這類地緣政治風險，仍須遵守憲法第 9 條，而有些人則想修憲。這是與日本人息息相關的事，日本人應該為了日本好好思考該怎麼做。

必備知識

專守防衛

這條原則要求不能主動攻擊他國，只能在受到攻擊時行使最小限度的必要武力，以保衛自己的國家。由於自衛隊沒有長距離飛彈、戰略轟炸機、航空母艦等攻擊戰力，抑制攻擊的能力有限，因此也有人提議修憲。

看看日本的憲法第9條

第二章 放棄戰爭 ── 第9條

1

日本國民真誠希望以正義及秩序作為基礎的國際和平，永久放棄以國家權力發動的戰爭，以及以武力威嚇或行使武力，作為解決國際紛爭的手段。

2

為了達成前項目的，不保有陸海空軍等戰力，亦不認同國家交戰權。

閱讀完憲法第9條後，請思考是否應該修改，或問問身邊的人的意見吧。

● 修改憲法第 9 條是否合適？
● 為了不讓日本受到攻擊，該怎麼做才好？

探討「經濟能力」的「地緣經濟學」在現代變得很重要

★從「地緣政治學」到「地緣經濟學」

　　過去，國家之間的紛爭以使用軍事能力的「戰爭」為主要手段，但現在情況正有所轉變。舉例來說，美國前總統川普認為「美國從中國進口很多東西，中國沒有從美國進口東西就太狡猾了！」，因此對來自中國的進口品課關稅。於是，中國也對來自美國的進口品課關稅，以此與美國對抗。這兩國間的貿易問題相當難解，甚至被稱為「美中貿易戰」。

　　關稅指的是對海外進口品課徵的稅金，例如日本為了保護國內的稻農，對於價格便宜的進口米課徵每 1 公斤 341 日圓的關稅，使進口外國米變得不輕鬆。

　　此外，中國的「債務陷阱」（第 98 頁）就是以經濟能力控制他國的作法，歐美各國都譴責中國的這種「新殖民主義」（neocolonialism，透過對開發中國家的經濟支援或軍事同盟，試圖進行實質控制）。這個簡單的例子展現了經濟大國不使用軍事能力，從而試圖控制貧窮國家的現象。

　　現代愈來愈多這種把「經濟能力」當作武器，使自己的國家站在有利位置的作法。過去以軍事紛爭為中心的「地緣政治學」的時代，正在轉變為以經濟為武器的「地緣經濟學」的時代。

什麼是地緣經濟學？

地緣經濟學

↓

Geo economics

↓　　　　　　↓

地球的　　經濟學

一個國家為了地緣政治上的目的，把經濟當作手段使用

的現象稱為「地緣經濟學」。某些國家不使用軍事能

力，而是試圖以經濟達到權力平衡，將經濟當

作核武般抑制他國攻擊，這些都在在顯示「地

緣經濟學」的重要性。

？ 想一想

● 富有的國家使用金錢的力量，你對此有什麼
看法？

● 為什麼課關稅會對該課徵對象國造成傷害呢？

3

你知道各國貿易同盟的「CPTPP」是什麼嗎？

★日本主導的「CPTPP」是什麼？

第二次世界大戰前，日本、德國、義大利組成軍事同盟，和以美國、英國為中心的同盟國對立，展開第二次世界大戰。現在日本和美國互為同盟關係，這也是一種軍事同盟。

但是，如同第 122 頁所述，現代的「經濟能力」日益重要，世界各國不只組成軍事同盟，也致力於在經濟方面建立合作關係。

其中具代表性的組織是「跨太平洋夥伴全面進步協定」（CPTPP、TPP11），組織名稱很長，簡單來說就是以會員國之間「消除關稅」、促進貿易為目標的協定。會員國包含日本在內，共有 11 國。

右頁列出了會員國，美國雖然不在此名單內，但原本是計畫加入的。前美國總統歐巴馬希望建立「中國包圍網」，活絡會員國的貿易，降低會員國對中國的貿易依存度，但繼任的前美國總統川普否定了所有歐巴馬政府的作法，因此中斷了與協定相關的討論。另一方面，中國試圖突破包圍網，在 2020 年 11 月積極表示想加入 CPTPP。美國和中國今後的動向相當引人注目。

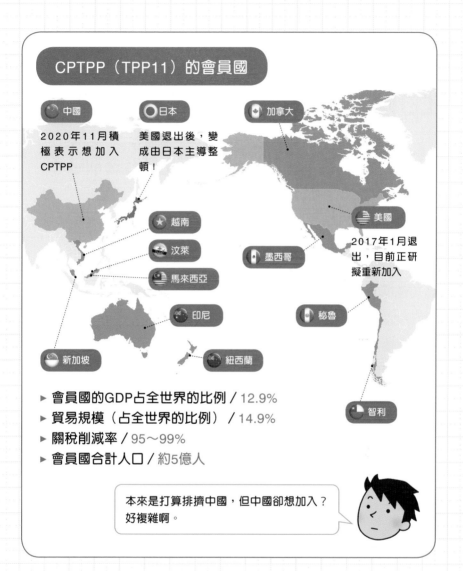

CPTPP（TPP11）的會員國

中國
2020年11月積極表示想加入CPTPP

日本
美國退出後，變成由日本主導整頓！

加拿大

越南

汶萊

馬來西亞

墨西哥

美國
2017年1月退出，目前正研擬重新加入

印尼

秘魯

新加坡

紐西蘭

智利

▶ 會員國的GDP占全世界的比例 / 12.9%
▶ 貿易規模（占全世界的比例）/ 14.9%
▶ 關稅削減率 / 95～99%
▶ 會員國合計人口 / 約5億人

本來是打算排擠中國，但中國卻想加入？好複雜啊。

想一想

● 除了 CPTPP，查查看日本也加入了哪些促進貿易的組織。

● 美國和中國誰加入比較好？

中國勢力擴大成為威脅！ 什麼是新的中國包圍網？

★美國的對中策略對日本抱有很大的期待

世界正以美國和中國這兩個超大國為中心運轉。2021 年 1 月，拜登就任美國總統，和前總統川普一樣將南沙群島以及臺灣的擁有權爭議、中國在新疆維吾爾自治區以及香港侵害人權視為問題，公開顯示其對抗中國的態度。

中國威脅到美國的霸權地位，美國為了對抗中國，試圖建立中國包圍網。除了七大工業國組織（G7）、「四方安全通話」（QUAD）這些由民主國家組成的既有組織，還有「民主十國」（D-10）和「科技民主同盟」（T12）等構想，前者會員國為 G7 加上南韓、印度、澳洲。上述組織日本都有加入，可以看出美國將日本視為重要夥伴。而日本在地理位置鄰近中國，同時也是美國信賴的同盟國。

另一方面，對日本來說，中國是不可缺少的貿易夥伴。雖然在政治上、軍事上和經濟上與民主國家結盟很重要，但日本也需要和中國維持長久的良好關係。

此外，沒有人能保證長久維持的美日同盟會永遠持續下去，考量到這一點，或許有必要好好思考日本的未來。

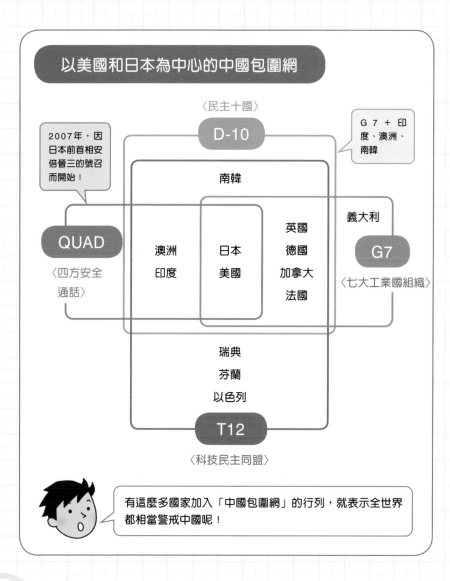

以美國和日本為中心的中國包圍網

〈民主十國〉

D-10

2007年，因日本前首相安倍晉三的號召而開始！

G7＋印度、澳洲、南韓

南韓

英國
德國
加拿大
法國

義大利

QUAD

〈四方安全通話〉

澳洲
印度

日本
美國

G7

〈七大工業國組織〉

瑞典
芬蘭
以色列

T12

〈科技民主同盟〉

有這麼多國家加入「中國包圍網」的行列，就表示全世界都相當警戒中國呢！

? 想 一 想

● 日本應該跟中國建立什麼樣的關係比較好呢？
● 上網查查看中國在新疆維吾爾自治區以及香港做了什麼事吧！

「網路戰」成為新的主戰場

★無形的戰爭正在白熱化！

主要由電腦和網路所建構的虛擬空間稱為「網路空間」，網際網路就是具有代表性的網路空間。現在在各國的主導權之爭中，「網路能力」的重要性愈來愈高。

2015 年，美國政府機關約有 2000 萬人的機密資料非法流出。2018 年，世界知名的美國連鎖飯店被竊取了 3 億 8300 萬住宿客的個人資料，其中也包含這些人的護照號碼。美國斷定這些事件都是中國人民解放軍犯下的組織犯罪。中國正在進行無形的網路攻擊，目的是蒐集情報，並且使被攻擊的國家陷入混亂。

現在世界各國都在比拚「網路能力」，無形的網路空間成為各國競爭的主戰場之一。

「五眼聯盟」（Five Eyes）是美國和英國等五個英語國家所組成的同盟，旨在共享政治和軍事情報，他們正在加強對於中國網路攻擊的警戒。日本與這五個國家在國家安全方面的關係匪淺，正開始準備加入「五眼聯盟」。

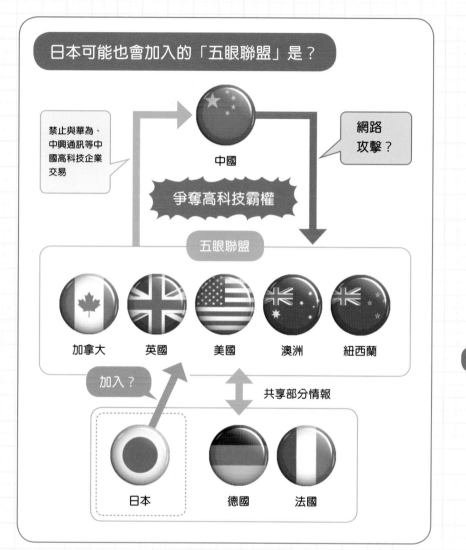

日本可能也會加入的「五眼聯盟」是？

禁止與華為、中興通訊等中國高科技企業交易

中國

爭奪高科技霸權

網路攻擊？

五眼聯盟

加拿大　英國　美國　澳洲　紐西蘭

加入？

共享部分情報

日本　德國　法國

想一想

● 查查看有哪些國際的網路攻擊事件。
● 一旦資料被竊取，會發生什麼不好的事？

6

無論任何時代，掌握「權力」和「規則」的國家都很強

★美國和中國的科技霸權之爭日漸白熱化

　　各國爭奪霸權的過程中，強大的經濟能力日益重要。為了解決地緣政治上的課題，想以經濟作為「武器」時，若能掌握次世代中心產業的國際標準，就能掌控國際秩序，進而建立凌駕各國的優勢。

　　中國提出了「中國製造 2025」的製造業發展目標，期望在 2049 年以前成為「世界製造強國」。中國打算以右頁表格的「十大重點科技領域」掌握國際標準，尤其著重新一代行動通訊技術「5G」，這項技術被認為可以改變未來。如果中國以 5G 技術掌握了國際標準，全世界就必須遵守中國的規則。

　　美國為了阻止此事態發生，在 2020 年以「威脅國安疑慮」為由，禁止使用華為和中興通訊等中國的通訊設備，這些企業都擁有最先進的 5G 技術。此外，愈來愈多國家，諸如日本、印度、英國等國，都跟隨美國這項禁令。

　　今後「地緣科技學」（geo-technology）的重要性似乎會愈來愈高。日本過去被稱為科技大國，但在先進科技領域中，中國的存在感愈來愈強。

「中國製造2025」的十大重點領域

順序	重點領域	具體例子
1	新一代資訊技術	新一代通訊技術「5G」、半導體
2	高端數控機床和機器人	工業用機器人、家事機器人
3	航空航太裝備	火箭、無人機、大型航空器
4	海洋工程裝備及高技術船舶	深海資源開發、高科技船
5	先進軌道交通裝備	先進的鐵路車廂
6	節能與新能源汽車	電動車、燃料電池車
7	電力裝備	再生能源、核能發電
8	農業機械裝備	農機開發、主要作物培育
9	新材料	特殊金屬、奈米材料、超導現象
10	生物醫藥及高性能醫療器械	新藥研發、iPS細胞技術

中國打算階段性發展重點領域，在2049年以前成為全世界頂尖的科技大國。

我們小朋友必須努力，長大之後不可以輸給中國！

想一想

● 現在日本的科技能力在全世界的定位如何？
● 日本有能充當武器的「規則」嗎？

【參考資料】

● 《21 世紀 地緣政治學入門》（暫譯）（文春新書）
　船橋洋一　著

● 《何謂地緣經濟學》（暫譯）（文春新書）船橋洋一　著

● 《地緣政治學入門 改版 外交戰略的政治學》（暫譯）
　（中公新書）曾村保信　著

● 《圖解 從世界史學習地緣政治學》（暫譯）（祥傳社）
　茂木誠　編著

● 《只看地緣政治學的筆記》（暫譯）（寶島社）神野正史　著

● 《一看即懂 企業教養 地緣政治學》（暫譯）（新星出版社）
　奧山真司　編修

● 《海上霸權：從捕鯨業到自由航行的海洋地緣史》（中公新書）
　竹田勇美　著

● 《圖解易懂的地緣政治學基礎》（暫譯）（誠文堂新光社）
　荒卷豐志　編修

● 《從地圖快速認識日本史》（暫譯）（昭文社）
　山本博文　編修

● 《從地圖快速認識世界史》（暫譯）（昭文社）
　祝田秀全　編修

索引

KODOMO CHISEIGAKU NAZE CHISEIGAKU GA HITSUYOU NANOKAGA
WAKARU HON
© 2021 bound inc.
Originally published in Japan in 2021 by KANZEN CORP.,TOKYO.
Traditional Chinese Characters translation rights arranged with KANZEN CORP.,
TOKYO, through TOHAN CORPORATION, TOKYO and JIA-XI BOOKS CO., LTD.,
NEW TAIPEI CITY
Traditional Chinese translation rights © 2023 by Wu-Nan Book Inc..

博雅文庫 272

圖解地緣政治學
こども地政学 なぜ地政学が必要なのかがわかる本

監 修 者	船橋洋一
作 者	Bound Inc.
譯 者	張瑜庭
發 行 人	楊榮川
總 經 理	楊士清
總 編 輯	楊秀麗
副總編輯	劉靜芬
責任編輯	林佳瑩
封面設計	姚孝慈
出 版 者	五南圖書出版股份有限公司
地 址	106台北市大安區和平東路二段339號4樓
電 話	(02)2705-5066
傳 真	(02)2706-6100
劃撥帳號	01068953
戶 名	五南圖書出版股份有限公司
網 址	https://www.wunan.com.tw
電子郵件	wunan@wunan.com.tw
法律顧問	林勝安律師
出版日期	2023年 3 月初版一刷
定 價	新臺幣380元

國家圖書館出版品預行編目資料

```
圖解地緣政治學/船橋洋一監修；Bound Inc.
著；張瑜庭譯. --初版. --臺北市：五南圖書
出版股份有限公司, 2023.03
  面；  公分. --（博雅文庫；272）
  譯自：こども地政学：なぜ地政学が必要な
  のかがわかる本
  ISBN 978-626-343-625-1（平裝）

1.CST: 地緣政治

571.15                      111020752
```